CONTENIDO

LA VENEZUELA DE NICOLÁS MADURO

El cómo el sucesor de Hugo Chávez,llegó,
y se ha mantenido en el poder

Por: Fernando Gómez M.

Nota aclaratoria: El nombre del autor Fernando Gómez M, es ficticio. Ello, es así, por razones de seguridad, ya que los derechos y seguridad del auténtico autor, y su familia, pueden ser violentados, por parte del régimen chavista.

INTRODUCCIÓN

El mundo, ha conocido a lo largo de su reciente historia, diversidad de dictadores: Saddam Hussein, Muamar Gadafi, Fidel Castro, o Hugo Chávez. Precisamente, en éste último, en Chávez, está el origen del personaje que hoy trata mi libro: Nicolás Maduro Moros.

En Venezuela, muchos consideran a Maduro, como un "burro". De hecho, le apodan "Maburro". Lo curioso, es que a pesar de ser un "burro", ha contribuido en gran medida, junto a Chávez, a crear un régimen, que lleva más de 20 años en el poder, gracias a dos factores: la ayuda de los "petrodólares" venezolanos; y la eficiente asesoría del régimen cubano. Ambos factores, también han contribuido en gran medida al desarrollo de la expansión de la ideología revolucionaria chavista en la región (Nicaragua, Bolivia, El Salvador, Uruguay, etc).

A lo largo del libro, intentaré dar a conocer a dicho personaje, que sin dudas, se ha ganado su fama a pulso. Fama, que le ha llevado a ser considerado por muchos, como un auténtico dictador, que supera en creatividad a muchos dictadores, inclusive a su papá político, el mismo Hugo Chávez.

¿Y DE DÓNDE SALIÓ NICOLÁS MADURO?

Bueno, la versión oficial chavista indica, que Nicolás Maduro Moros, nació supuestamente en Caracas, el 23 de noviembre de 1962. Digo, supuestamente, ya que tras asumir la presidencia en 2013, salió a la luz el "rumor", de que Maduro había nacido en Colombia. En un capítulo más adelante, les contaré el cuento de dicho "rumor".

Siendo niño, Maduro recibió clases en el Liceo José Ávalos, en la popular parroquia de El Valle de Caracas. Se cuenta, que su primer contacto con la política aconteció cuando se convirtió en miembro de una asociación de estudiantes de su instituto. Otros cuentan, que su padre, Nicolás Maduro García, era sindicalista y militante activo del partido Movimiento Electoral del Pueblo (MEP), y que de niño, acudió acompañado de su padre a varios actos del partido, en donde el niño Maduro, nunca mostró interés, ya que no veía al MEP como un partido de extrema, o ultra izquierda. Maduro fue criado como católico, aunque creo, que nunca llegó a pisar una iglesia católica por su propia voluntad. En el año 2012, se conoció que Maduro era seguidor del gurú indio Sathya Sai Baba. Sin embargo, él mismo se declara ser cristiano.

El biógrafo de Nicolás Maduro, Roger Santodomingo, señaló en un reportaje el año 2013, que Maduro y su mujer, Cilia Flores, "eran fieles adeptos del gurú", y que en su despacho, estaba repleto de amuletos, y que algunos "provenían de Sai Baba", una persona que solo aceptaba "la fe ciega".

A los 12 años, Maduro ya militaba en una organización de izquierda radical, llamada Ruptura, Entre sus filas también se encontraba el histórico guerrillero venezolano, Douglas Ignacio

Bravo Mora, quien había participado en los golpes de estado del 4 de febrero y 27 de noviembre de 1992. La actividad del grupo Ruptura, se concentraba en numerosas acciones de choque, tales como pintadas a pie de calle y violentas protestas.

Maduro con el Sai Baba en Nueva Delhi.

Según algunas fuentes, cuando Maduro tenía 15 años, fue expulsado del liceo por armar una gran movilización. Poco después, logró graduarse de bachiller en el liceo José Ávalos, en Caracas, aunque después de culminar la secundaria no ingresó a la universidad, y se dedicó, supuestamente, a trabajar por su cuenta.

Se cuenta que en 1983, trabajó como guardaespaldas de José Vicente Rangel, un dirigente político venezolano de izquierda, que en ese entonces, fue candidato presidencial, y que años más tarde, en 2002, fue vicepresidente de la República con Hugo Chávez.

Maduro, ya con 25 años, durante los años 1986 y 1987, cursó estudios en la escuela cubana de formación de cuadros políticos de izquierdas "Ñico López" en la ciudad de La Habana. Y todo gracias a una beca que le consiguió La Liga Socialista, organización de ultra izquierda, a la cual, estuvo muy vinculado en su época de estudiante en el liceo.

Fernando Gómez M.

Cuentan, que durante su estancia en Cuba, se mostró muy fiel al ideario de la revolución cubana, y que algunos de sus profesores, vieron en él, un futuro brillante como discípulo del régimen. En todo caso, desde 1986, el régimen cubano, ya tenía fichado en sus filas a Maduro, y los Castro, en alguna gran medida, apostaron por su futuro.

Maduro, acompañado por un grupo de "camaradas" en su estancia en Cuba en 1986.

El escritor Carlos Alberto Montaner en su artículo "El hombre de La Habana" revela que Maduro empezó a organizar los contactos entre Chávez y los hermanos Castro cuando estudió en esa escuela cubana de formación de cuadros políticos de izquierdas. Según el escritor, "Nicolás Maduro es mucho más que un simpatizante de la revolución cubana o un trasnochado marxista radical, platónicamente enamorado del comunismo: es un viejo colaborador de la inteligencia castrista. Por eso Raúl Castro convenció a Hugo Chávez de que éste era su heredero natural. Maduro formaba parte del grupo. Era uno de ellos", dice Montaner.

Por otro lado, también se cuenta, que durante esa etapa de formación ideológica, es cuando Maduro conoce al dirigente cocalero boliviano Evo Morales, quien recibía cursos políticos en La Habana, y que hoy es presidente de Bolivia. Así, que por lo menos, tenemos a dos presidentes que han salido de cursos de formación ideológica marxista comunista leninista en Cuba.

De regreso a Caracas, Maduro se destaca como dirigente estudiantil de grupos maoistas (ultra izquierda) en la Universidad Central de Venezuela, y aunque no hay registros de su matrícula en esa Universidad, algunas fuentes aseguran que cursó dos años en la Escuela de Administración. Es de resaltar, que era muy común, que grupos de militantes de ultra izquierda, se hiciesen pasar por estudiantes dentro de las universidades, para organizar actos vandálicos, y buscar simpatizantes. De hecho, en los convulcionados años 60, era una práctica habitual de los movimientos radicales de izquierda, para crear caos dentro de las universidades. En todo caso, Maduro, nunca ha hablado de su supuesta etapa como estudiante universitario.

El 9 de junio de 1988, en Caracas, contrajo matrimonio con Adriana Guerra Angulo, y en 1990, nace su único hijo, Nicolás Maduro Guerra, dicho matrimonio duró hasta 1994.

Maduro, durante su etapa como conductor de autobus.

En 1990 comenzó a trabajar como inspector de área en el Metro de Caracas. Más adelante, encontró empleo como conductor de autobús en el año 1991, cargo que desempeñó durante 7 años. Durante su labor como conductor, inicia su carrera política al convertirse en un sindicalista no oficial que representaba a conductores de autobuses del Metro de Caracas. Se dice, que fue el conductor con más multas por el mal ejercicio de su profesión.

También se cuenta (rumores), que participó en varios intentos anteriores al golpe de Estado del 27 de noviembre de 1992 contra el gobierno del entonces presidente venezolano Carlos Andrés Pérez.

Rueda de prensa de miembros del MBR-200 en 1997. Chávez en el centro, y Maduro está en el extremo izquierdo.

El 16 de diciembre de 1993, junto a un grupo de trabajadores simpatizantes del Movimiento Bolivariano Revolucionario 200 (MRB-200), Maduro realizó una visita a Chávez, quien se encontraba recluido en la Cárcel de Yare debido a su intento fallido de golpe de estado. En una de esas visitas, conoció a quien sería su segunda esposa, Cecilia Flores. Maduro, desde entonces, se convirtió en un ultra activista por la liberación de Chávez. Tras el indulto concedido por el presidente Caldera a Chávez en 1994, Maduro, Cecilia Flores y otro grupo de seguidores, ayudaron a

Chávez a organizar su movimiento político, que culminaría con la creación el 21 de octubre de 1997, de un nuevo partido llamado Movimiento quinta República (MVR), en sustitución del MBR-200.

Maduro, como diputado en 1999.

En 1998, mientras Chávez era consagrado como candidato presidencial por el MVR, Maduro se convierte en candidato a diputado del antiguo Congreso de la República con el apoyo de dicho partido por Caracas (Distrito Federal), siendo elegido en las elecciones del 8 de noviembre de 1998. En ese mismo año, Chávez logra su triunfo electoral. Maduro tomó posesión como diputado el 23 de enero de 1999, y se convirtió en Jefe de la Fracción Parlamentaria del MVR en la Cámara de Diputados, además integró la Comisión Permanente de Asuntos Sociales, la Comisión Permanente de Medios de Comunicación Social, de la Comisión Permanente de Juventud, Recreación y Deportes y de la Comisión

Fernando Gómez M.

Permanente de Participación Ciudadana.

En 1999, fue elegido diputado por Caracas en la Asamblea Constituyente que redactó una nueva Constitución ese mismo año. En la constituyente Maduro presidió la Comisión de Participación Ciudadana, de dicho parlamento, y posteriormente fue elegido diputado a la Asamblea Nacional de Venezuela (ANV) en las elecciones del 30 de julio de 2000 por el MVR. En la ANV presidió la Comisión Permanente de Desarrollo Social Integral desde el 14 de agosto de 2000 hasta el 5 de enero de 2005. El 5 de enero de 2005 es elegido para presidir la ANV.

Maduro en su época de presidente del parlamento en 2006.

Maduro fue reelegido en las elecciones legislativas de 2005, siendo designado como presidente del parlamento, y en agosto de 2006, deja la ANV para luego ocupar el cargo de Ministro del Poder Popular para los Asuntos Exteriores. Curiosamente, y digo curiosamente, tras dejar la actividad parlamentaria, su mujer, Cecilia Flores, fue la encargada de sustituirle en su anterior alto cargo parlamentario.

EL MINISTRO MADURO

Maduro desempeña su cargo ministerial hasta principios del año 2013. Durante su ejercicio, realizó trabajos en organismos de integración como la Comunidad de Estados Latinoamericanos y Caribeños (CELAC), la Alianza Bolivariana para los Pueblos de Nuestra América (ALBA), la Unión de Naciones Suramericanas (UNASUR) el Mercado Común del Sur (MERCOSUR), y Petrocaribe.

Maduro acompañando a Chávez en una cumbre como canciller.

En el caso del CELAC, el ALBA, la UNASUR, y Petrocaribe, Maduro, como Ministro del Poder Popular para los Asuntos Exteriores (canciller), contribuyó en gran medida a consolidar dichos organismos, ya que el gobierno venezolano, con sus petrodólares, se dedicó a financiar campañas electorales, y montar, y consolidar gobiernos aliados en la región. Y claro, gracias a los petrodólares, la inmensa mayoría de países que conformaban esos organismos, tenían gobiernos pro chavistas.

En resumidas, el canciller Maduro defendió las posiciones del régimen chavista en la ONU y la OEA, trabajó para extender el ALBA y su red cooperativa de consorcios interestatales de signo petrolero, preparó las cumbres caraqueñas que echaron a andar la UNASUR en 2007, y la CELAC en 2011, y estuvo detrás de "alianzas antiimperialistas" tan polémicas como la establecida con Irán.

En los capítulos bilaterales del continente, destacaron las especialísimas relaciones estratégicas con Cuba, que siendo Maduro un hombre muy del agrado de La Habana, no podían más que ahondarse. Éstas relaciones consisten en un intercambio comercial, siendo el más conocido el del envío de miles de médicos sin formación profesional, y Venezuela a cambio, da millones de barriles de petróleo. A todo ello, se suma, que hay personal cubano, trabajando en instalaciones estratégicas del gobierno, como es el caso de aeropuertos, instalaciones militares, refinerías, etc. Desde la llegada de Chávez, la presencia cubana ha estado al asecho. Y con Maduro, se acentuó muchísimo más.

Para dar una idea del negocio cubano en Venezuela, ya en 2003, Chávez firmó un acuerdo con Cuba, para la emisión de documentos oficiales de identidad, en el despliegue de la Misión Identidad, que masificó la expedición de cédulas en los meses previos al referéndum revocatorio de 2004. Y en 2014, Venezuela firmó un acuerdo, en donde ponía en manos cubanas, el diseño y manejo un nuevo sistema de identificación civil venezolano. Es decir, el gobierno cubano tiene un registro de todos los venezolanos con sus números de carnet de identidad, o pasaporte. Es más, en La Habana, saben que venezolanos entran y salen del país, gracias al control férreo de los pasaportes.

Ahora bien, esa "asesoría" cubana, o acuerdo en materia de identidad, entre los años 2009 al 2014, ha representado el pago de Venezuela de unos 1.400 millones de dólares a Cuba. Insisto... sólo en "asesoría" en materia de identidad. Y en las otras áreas, como transporte, seguridad, alimentación, etc, Cuba se ha llevado otros miles de millones de dólares más. Y todo, a cambio, de que las cosas en Venezuela han empeorado. Y un claro ejemplo de ello, es el tema de los pasaportes, o el manejo de empresas estratégicas como PDVSA.

Chávez, tenía en mente, su proyecto personalista para que fuese considerado como un líder en América. Y para ello, fue creando organismo regionales bajo su dirección personal. Y Para la labor de gestionar en gran medida el papel de esos organismos, Chávez designo a dedo a su "delfín político" Nicolás Maduro.

Miles de millones de dolares, y millones de barriles de petroleo y alimentos, fueron a las manos de sus aliados de el ALBA o Petrocaribe, mientras que dentro de la misma Venezuela, el país se caía a pedazos.

Chávez, a pesar de ser comunista, había visto el fracaso del auge de movimientos armados revolucionarios en la región. Así, que en vez de enviar armas a Nicaragua, Bolivia, Uruguay, Ecuador, como hizo Cuba en los años 60, pensó que como tenía las mayores reservas de petroleo del mundo, podría utilizar los "petrodólares" para financiar partidos políticos en la región, y así, de forma "democrática" montar su "imperio bolivariano". El problema es que una cosa es ayudar a financiar partidos a fines, y que estos ganen las elecciones, y otra cosa, es que esos partidos y líderes amigos fieles al chavismo, se puedan mantener en el poder en esos países.

Por ejemplo, en Uruguay, José Mujica, ganó las elecciones en su país en 2010. Mujica tenía una fama por su pasado guerrillero, ya que había formado parte del Movimiento de Liberación Nacional – Tupamaros. Años después, en las elecciones de 2009, es electo presidente. Y unos se preguntan... y de dónde salió el dinero para su campaña?.

El opositor Partido Nacional de Uruguay, en agosto de 2009, dos meses antes de las elecciones, había informado que iban a investigar si una exportación de libros a Venezuela por más de 32 millones de dólares, era una fachada para financiar la campaña de

Mujica, ya que que existían diferentes "asuntos sospechosos" en la transacción. Según la investigación, se indicaba, por ejemplo, que el costo de cada libro "habría sido inferior a los 10 dólares y se vendieron en unos 498 dólares, de modo que tenemos una diferencia cercana a los 30 millones de dólares en esta operación, algo que es totalmente inusual en lo que tiene que ver con negocios de cualquier tipo". A todo ello se suma, la casualidad, de que la empresa que realizó el negocio, Apliser S.A., fue fundada un año antes, por un primo de la senadora Lucía Topolansky, esposa de José Mujica.

José Mujica y Hugo Chávez.

En fin, desde la llegada al poder de la izquierda uruguaya en el 2005, el intercambio comercial entre Caracas y Montevideo se disparó casi 1.500% hasta unos 741 millones de dólares en el 2009, según cifras oficiales venezolanas. Prácticamente el 100% de las exportaciones de Venezuela corresponden a productos energéticos, entre ellos, más de 40 mil barriles de petroleo al día, mientras que Uruguay envía a cambio lácteos, carne bovina y medicamentos. Así, que no cabe duda, preguntarse, cuánto de esos petrodólares enviados por Chávez, fue destinado a financiar ilegalmente la campaña de Mujica? Por cierto, al día de hoy, no he visto el primer medicamento en una farmacia venezolana con la etiqueta "Hecho en Uruguay".

Y detrás de la firma de todos esos acuerdos de entrega de petroleo, intercambio comerciales, o de envío de dinero negro para financiar campañas electorales en otros países, sin dudas, el canciller Nicolás Maduro, tenía un papel primordial. De hecho, Chávez le había designado precisamente para eso: Para crear una trama de corrupción a gran escala en todos los países del área, con el único fin, de montar, y consolidar gobiernos amigos fieles a la revolución bolivariana.

Chávez, Evo, Lula, y Correa.

En cuanto a Bolivia, Evo Morales llego a la presidencia en enero de 2006. Su vida anterior estuvo vinculada como miembro activo de un sindicato se sembradores de coca. Así, que se podría entender, que parte de su financiación de su vida política, está muy relacionada a sectores vinculados a la producción de coca en ese país. Y a ello, también, se suma la posible financiación desde Venezuela. Posteriormente, tras ganar las elecciones, en su primera visita a Caracas en 2006, Morales suscribió siete acuerdos bilaterales, incluyendo uno para el suministro de 200 mil barriles diarios de petroleo, los primeros de una serie de convenios por venir. Y quién creen que fue que tramitó en gran medida por parte de Venezuela la firma de esos siete acuerdos comerciales?

En el Salvador, ya en 2008, habían denuncias de que el Frente Farabundo Martí para la Liberación Nacional (FFMLN), antigua guerrilla de El Salvador, y principal partido de oposición, eran financiados por Chávez. Es más, gracias a ello, la guerrilla salvadoreña llegó al poder en el 2009. A ver, que un grupo guerrillero, de la noche a la mañana, sacó millones de dólares de la nada, para financiar una campaña electoral y ganar unas elecciones, sin dudas, tiene algo de sospechoso.

Tras llegar al poder, José Luis Merino, uno de los personajes más poderosos del FFMLN, supervisó y lideró la creación del consorcio Alba Petróleos, financiado por PDVSA. Chávez, con su idea de controlar gobiernos con el chantaje del petroleo, hizo otra versión de Petrocaribe para centro América. En otras palabras, con la creación de ambos consorcios, se buscó una forma de tapadera, para financiar a partidos y amigos vinculados al proyecto revolucionario. Cuanto dinero de PDVSA le entro al FFMLN gracias a Alba Petróleos?. Seguro que Maduro, en su labor de canciller, tiene alguna idea de ello.

En Nicaragua, tras la caída del Muro de Berlín y el comunismo en Europa, los sandinistas salieron del poder en 1990. Habían llegado al poder en 1979, tras una cruenta guerra civil, con apoyo y financiamiento de Cuba. Su líder Daniel Ortega, tras el triunfo de Chávez, vio la oportunidad, para retomar el poder. Así, que en el 2006, vuelve al poder, y hoy, Nicaragua, vive una especie de guerra civil interna, donde los sandinistas, oprimen al pueblo. En abril de 2018, estallan protestas en el país, con un saldo de más de 400 muertos hasta el mes de agosto de 2018.

Chávez con Daniel Ortega.

En cuanto a la dependencia de Venezuela, bueno, cuenta resaltar, que el primer acto de gobierno de Ortega tras su elección, fue incorporar a Nicaragua al ALBA y a Petrocaribe, firmándose un acuerdo, en donde Petroleos de Venezuela (PDVSA) se comprometía a cubrir todas las necesidades de combustible de Nicaragua a precios subsidiados: 50% de la factura a pagarse en 90 días y el 50% a un plazo de 25 años, con dos de gracia y 2% de interés. Adicionalmente, para la aplicación del convenio, optaron por una curiosa modalidad, en donde PDVSA decidió mediante transacción privada, entregar el 50% de ese suministro petrolero a la Caja Rural Nacional (CARUNA), una cooperativa controlada por el Frente Sandinista.

El convenio representó abundantes recursos adicionales para Nicaragua: más de 3.654 millones de dólares entre 2007 y 2016, según cifras oficiales. Y todo ello gracias a Petrocaribe. Actualmente, la oposición en Nicaragua, acusa a los sandinistas, de recibir millones de dólares gracias a Petrocaribe, los cuales, habían sido usados para financiar dos reelecciones de Ortega, en los años 2012, y 2017. Cuantos millones de dólares fueron destinados desde Venezuela para las victorias de Ortega?. Seguro, que Maduro, tiene alguna idea de ello, ya que parte de su labor como canciller desde 2006 a 2013, fue negociar los convenios y acuerdos.

En el caso de Ecuador, Rafael Correa llega al poder en 2006, y reelecto en los años 2009, y 2013. Es decir, que a similitud de Daniel Ortega, Evo Morales, o Hugo Chávez, todos ellos, tras asumir el poder, modificaron sus constituciones para ser reelectos indefinidamente. Y claro, todos ellos han tenido algo de ayuda, de una cosa llamada petroleo. Pero de todos estos dirigentes políticos, Correa es el único que tiene una mejor formación profesional. Es un economista, con un doctorado en Bélgica, y claro, ello le ha permitido tener una visión no tan fanática de defender a Chávez. Es más, fue el dirigente de la región que se preocupó en alguna medida por distanciar su gobierno con el modelo chavista.

La cuestión, es que todos estos dirigentes políticos han copiado algunas cosas de Chávez. El primer lugar, las reformas de la constitución y la ley electoral en sus respectivos países, con la finalidad de conseguir más poder, y durar más tiempo en el cargo. En segundo lugar, su creciente enfrentamiento con los medios de comunicación, y los partidos de oposición, siendo ellos, el enemigo común a destruir. Y en tercer lugar, y lo más importante, es la dependencia del negocio del petroleo, para conseguir dinero para financiar sus negocios y campañas electorales.

En reasumidas, se podría decir, que es un modelo creado, con el fin, de dar una imagen de legitimidad en el mundo, en donde sus dirigentes, usan el dinero del negocio del petroleo venezolano, para llegar, y perpetuarse en el poder.

La cuestión, es que todo éste escenario, en donde el régimen chavista contribuyó al surgimiento en varios países de la región de gobiernos aliados al Chavismo, no es sólo obra de Chávez. Sin dudas, el papel que desempeñó el canciller de Venezuela, Nicolás Maduro, entre los años 2006 al 2013, ha sido de máxima importancia, ya que él, es quien en gran medida, se encargaba de llevar las negociaciones en las firmas de los acuerdos y convenios comerciales, o de entrega de petroleo, o de diversos suministros a los países del eje chavista. Y voy más allá... Maduro, conocía a la perfección la financiación ilegal a grupos extremistas pro chavistas en terceros países. Ese fue su principal papel desempeñado como canciller, y Chávez le nombro precisamente, para eso.

En Colombia, las Fuerzas Armadas Revevolucionarias (FAR), fueron en más de una ocasión, defendidas en público por Chávez, y por su canciller Maduro, y no hay dudas sobre la financiación con petrodólares venezolanos a grupos guerrilleros. De hecho, el gobierno de Colombia desde hace años, ha insistido, que la guerrilla, se esconde en territorio venezolano, amparada por el ejercito venezolano, y que desde Venezuela, entran a Colombia cometiendo atentados, o secuestros, y regresan a Venezuela. Pero hay más... ya en 2018, en las últimas elecciones presidenciales en Colombia, Nicolás Maduro, manifestó abiertamente, su apoyo al candidato izquierdista Gustavo Petro, conocido por su pasado como ex integrante de la guerrilla del M-19. En marzo de 2018, el diputado opositor venezolano Rafael Ramírez Colina, había señalado, que la financiación chavista a candidatos presidenciales no es un secreto, y cita varios ejemplos:

"El maletín de Antonini Wilson que portaba unos 800 mil dólares para la campaña de Cristina Kirchner en Argentina en el 2007; la denuncia en 2009 por el presidente del Senado boliviano, Óscar Ortiz, quien aseguró que el Gobierno de Hugo Chávez financiaba la campaña de Evo Morales; la revelación en documentos de Wikileaks de financiación que brindó el Gobierno venezolano al Gobierno nicaragüense de Daniel Ortega; o la denuncia del Partido Nacional de Honduras (...) sobre la intervención de Nicolás Maduro en la reciente campaña electoral de ese país en apoyo a Salvador Nasralla, candidato de preferencia de Manuel Zelaya, cercano aliado al chavismo y a Nicolás Maduro".

Hasta en España, los chavistas han creado y financiado un partido "anti imperialista" llamado Podemos. De hecho, sus líderes han viajado a Venezuela con mucha frecuencia para participar en actividades de apoyo al régimen venezolano. Su líder, Pablo Iglesias, ha llegado a afirmar en más de una ocasión, que Venezuela es un auténtico modelo de democracia. Hoy, gracias a los petrodólares de Chávez, en 2018, llegaron a ser la tercera fuerza política en España. Mucho se habló de un cobro de más de 3 millones de dólares, por parte de una fundación de Podemos al gobierno venezolano. De hecho, hay algo que hay que resaltar en toda esta historia. Un partido político, que surge de la nada, no puede ser la tercera fuerza del país con 5 millones de votos, de la noche a la mañana. Alguien ha tenido que financiarlos, y seguro, que no ha sido ninguna institución financiera española. Y seguro, que Maduro, tiene muy buena fe de ello.

En fin, el negocio del petroleo venezolano, sin dudas, ha contribuido a derrotar gobiernos democráticos, para luego, instaurar gobiernos a fines a la revolución bolivariana. Y todo ello, no se logra, si detrás no hay alguien que lo organice. Y ese alguien, en mi opinión, fue en gran medida, el canciller de Venezuela Nicolás Maduro. Es quizás por ello, que Chávez, le nombró como su sucesor.

DE CANCILLER A PRESIDENTE

En junio de 2011, en Venezuela se empieza a vivir un nuevo escenario político, gracias al diagnóstico de la dolencia cancerígena que fue detectada en el "comandante" Chávez, y que requería tratamiento urgente en Cuba. Maduro, desde La Habana, fue el encargado de anunciar, el 10 de junio, el "procedimiento quirúrgico correctivo" a que había sido sometido horas atrás el jefe del Estado a raíz de detectársele un "absceso pélvico" que, como hubo de reconocerse días después, resultó ser un tumor maligno. Para Chávez, fue el comienzo de un calvario de operaciones de cirugía y agresivos tratamientos de quimio y radioterapia que, pese a los sucesivos partes optimistas del canciller Maduro, y del propio paciente, no consiguieron atajar la metástasis y erradicar el cáncer.

La indisponibilidad de Chávez en estos meses de inquietante ir y venir entre Caracas y La Habana, se tradujo en una proyección mediática de Maduro como canciller, que sustituyó al presidente en eventos como la XXI Cumbre Iberoamericana y la V Cumbre de la UNASUR, ambas en Asunción en octubre de 2011, la VI Cumbre de las Américas, en Cartagena de Indias en abril de 2012, y la XLIII Cumbre del Mercosur, en Mendoza en junio siguiente. Esta última cita tuvo gran trascendencia para Venezuela porque supuso, la aprobación del ingreso de Paraguay, como quinto estado miembro.

En julio de 2012, Chávez, al cabo de tres intervenciones quirúrgicas, cuatro sesiones de quimioterapia y seis rondas de radioterapia, aseguró estar "totalmente libre" del cáncer, y confirmó su nueva candidatura reeleccionista, para el sexenio 2013-2019, en las votaciones presidenciales del 7 de octubre, las cuales terminó ganando. Durante la campaña electoral pudo verse a Maduro conducir un par de veces el camión desde el que Chávez saludaba a la militancia.

El triunfo electoral de Chávez, no disolvió la inquietud que se había apoderado de sus seguidores. A pesar de las versiones oficiales de que todo iba bien, y que la vida del "comandante" ya no corría peligro, pocos le creían capaz de completar su segundo mandato de seis años.

Estratégicamente, Chávez activó el escenario sucesorio el 10 de octubre de 2012, tres días después de ganar la reelección presidencial. En esa jornada, tras recibir de la presidenta del Consejo Nacional Electoral (CNE), Tibisay Lucena, la credencial que lo proclamaba presidente para el período 2013-2019, el mandatario comunicó el nombramiento de Maduro como vicepresidente ejecutivo de la República Bolivariana de Venezuela. A modo de presentación informal del que era su octavo vicepresidente desde 2000, Chávez resaltó que Maduro había sido "un gran servidor público en distintos frentes de batalla", y con ironía laudatoria, dijo de él: "Mira dónde va Nicolás, el autobusero. Nicolás era chófer de autobús en el metro, y cómo se han burlado de él, la burguesía se burla".

El 23 de noviembre de 2013, Maduro cumplió 50 años en mitad de una nueva oleada de rumores sobre el estado de salud de Chávez, que llevaba varios días sin aparecer en público. El vicepresidente se saltó la XXII Cumbre Iberoamericana, celebrada en Cádiz los días 16 y 17 (en representación de Venezuela estuvo el vicecanciller para Europa, Temir Porras Ponceleón), pero no faltó a la VI Cumbre de la UNASUR, en Lima el último día del mes. Entre medio, el 28 de noviembre, Chávez retornó a Cuba para iniciar un "tratamiento especial" consistente en "varias sesiones de oxigenación hiperbárica y fisioterapia".

En la madrugada del 7 de diciembre Chávez, con aspecto saludable y animoso, estuvo de vuelta en Caracas. Tras él, en la pista del aeropuerto internacional Simón Bolívar de Maiquetia en Caracas, inmediatamente después de las hijas del comandante, apareció bajando las escalerillas del avión Maduro con semblante sonriente. En la jornada siguiente, desde su despacho en Miraflores, con un tono más serio, flanqueado por Maduro a su izquierda y por Diosdado Cabello Rondón, el presidente de la Asamblea Nacional, a su derecha, Chávez transmitió un trascendental mensaje a la nación. Primero, reveló que le habían hallado nuevas células malignas en la revisión exhaustiva realizada en Cuba, recurrencia del cáncer que precisaba su regreso a La Habana en las próximas horas para ser intervenido sin dilación, en la que sería su cuarta operación quirúrgica desde 2011, por lo que solicitaba a la Asamblea autorización para ausentarse de nuevo.

Ante esta situación, el presidente, por primera vez, evocó el escenario de una incapacidad irreversible, y señaló a su vicepresidente para suplirla: "Si, como dice la Constitución, se presentara alguna circunstancia sobrevenida que a mí me inhabilite para continuar al frente de la Presidencia de la República Bolivariana de Venezuela, bien sea para terminar los pocos días que quedan (del mandato 2007-2013), y, sobre todo, para asumir el nuevo período para el cual fui electo, si algo ocurriera, repito, que me inhabilitara de alguna manera, Nicolás Maduro no sólo en esa situación debe concluir como manda la Constitución el período, sino que mi opinión firme, plena, irrevocable, absoluta, total, es que en ese escenario, que obligaría a convocar a elecciones presidenciales, ustedes elijan a Nicolás Maduro como presidente de la República Bolivariana de Venezuela. Yo se los pido desde mi corazón".

Según Chávez, la elección de Maduro estaba justificada, ya que: "Es un revolucionario a carta cabal, un hombre de una gran experiencia a pesar de su juventud (...), de una gran capacidad para el trabajo, para la conducción de grupos, para manejar las situaciones más difíciles" (...) Es uno de los líderes jóvenes de mayor capacidad para continuar, si es que yo no pudiera, con su mano firme, con su mirada, con su corazón de hombre del pueblo, con su don de gentes, con su inteligencia, con el reconocimiento internacional que se ha ganado, con su liderazgo, al frente de la Presidencia de la República, dirigiendo junto al pueblo siempre y subordinando a los intereses del pueblo los destinos de esta patria".

Momento en que Chávez anuncia a su sucesor, Nicolás Maduro, quien está sentado a su lado.

Con estas solemnes palabras, Chávez designaba a Maduro, quien escuchó la alocución de su superior con gesto grave, como el encargado de ejercer la Presidencia en caso de falta absoluta por su parte antes o después del 10 de enero de 2013, día en que arrancaba el mandato de seis años otorgado por las elecciones de octubre, y como el candidato a sucederle si tuvieran que celebrarse elecciones presidenciales en el plazo de 30 días. Era su lectura del artículo 233 de la Constitución, que establecía el mecanismo sucesorio del presidente en los casos de muerte, renuncia, abandono del cargo, destitución por sentencia del Tribunal Supremo de Justicia (TSJ), revocatoria popular del mandato o incapacidad permanente física o mental.

Ahora bien, el mismo artículo, en su segundo párrafo, precisaba que en caso de falta absoluta del presidente en calidad de electo o reelecto, antes de tomar posesión, las funciones de la jefatura del Estado recaían interinamente en el presidente de la Asamblea Nacional, Diosdado Cabello. El marco jurídico generaba ambigüedad y el chavismo abrazó la primera interpretación de la ley, conforme al tercer párrafo, claramente para ahorrarle a Maduro la previsión contenida en el artículo 229, que prohibía a un vicepresidente ejecutivo en ejercicio postularse al puesto de presidente de la República.

El 10 de enero de 2013, Chávez tenía que estar en Caracas, juramentando su cargo como presidente reelecto. La cuestión, es que no podía asistir, ya que se encontraba recluido en Cuba sometiéndose a otro tratamiento médico, para afrontar el cáncer que padecía. Ese día 10, los seguidores de Chávez, salen a las calles para "defender la Constitución", y que a partir de ese día, el gobierno seguía en funciones con el vicepresidente Nicolás Maduro a la cabeza, por el principio de "continuidad administrativa".

Por su parte, los partidos de la oposición, insistieron, que ante la ausencia de Chávez, hay una ausencia temporal del cargo, y que éste, debería ser asumido por Diosdado Cabello.

La cuestión es que era el deseo del "comandante" supremo. Y así llueve, truene, o relampaguee, Maduro es el sustituto, juramentado, o no, legal o no, y punto!.

Pero allí no queda toda la historia. Al morir Chávez el 5 de marzo, Maduro asumió tres días después la jefatura de Estado y de gobierno como "presidente encargado de Venezuela" hasta la celebración de elecciones presidenciales. Ante esta situación, personalidades nacionales e internacionales denunciaron que, según lo establecido por el Artículo 233 de la constitución chavista, no debía ser Maduro quien tomase el cargo, sino Cabello. Sin embargo, el 8 de marzo de 2013, la Sala Constitucional "chavista" del TSJ decidió que la juramentación de Maduro como "presidente encargado" era procedente. Así, que ante dicha decisión del TSJ, la oposición tubo que ceder en su "derecho constitucional" a colocar al "ultra" chavista Cabello en el cargo.

El 8 de marzo de 2013, Maduro jura el cargo. A su lado, Diosdado cabello.

LA MUERTE DE CHÁVEZ

Sobre la muerte de Chávez, yo nunca había visto tantas historias, hipótesis, versiones. Hay quienes persisten que la fecha de su muerte, no es la que dio a conocer el gobierno. De hecho, en mi opinión, Maduro, por razones de seguridad de traspaso de poder, no dio una fecha, hasta que el viese que tenía todo controlado bajo sus manos. Así que el 5 de marzo de 2013, en cadena de radio y televisión, confirmó la muerte de su líder revolucionario.

Pocos meses antes, el 8 de diciembre de 2012, Chávez anuncia en Caracas, que regresa a Cuba para continuar un tratamiento contra el cáncer, e insta al país, que ante su posible falta, "elijan a Nicolás Maduro como presidente".

En marzo de 2012 regresa de nuevo a Cuba, y estuvo casi tres meses internado en el Centro de Investigaciones Médico Quirúrgicas (CIMEQ) de La Habana. De su estancia allí, se quiso ocultar todo sobre su estado, o tratamiento. De hecho, el gobierno nunca llegó a aclarar, qué tipo de cáncer tenía Chávez, en qué parte de su cuerpo está localizado, y cuán desarrollado estaba cuando se lo detectaron.

Mucha gente rumoreaba que ya había muerto. Tras esos rumores, el gobierno venezolano el 15 de febrero de 2013, sacó a la luz, unas cuatro fotos, en donde Chávez estaba acompañado de sus hijas, mientras él, estaba postrado en una cama. Mucha controversia se produjo sobre esas fotos, ya que se veía al presidente sosteniendo un periódico cubano con una fecha en su portada, con la idea de demostrarse, que aun estaba vivo. Hay quienes han manifestado, que las fotos fueron trucadas, y que sobre la imagen del periódico, le colocaron otra imagen manipulada, con otra fecha muy posterior.

Fernando Gómez M.

En febrero de 2013, eso si, sin avisar a nadie de sus planes de viaje, y en medio de la noche, Chávez regresó a Venezuela, y fue internado en un hospital del ejército en Caracas. De ese regreso, no hay fotos, vídeos, que demuestren que tras su llegada al país, estaba vivo.

Y cómo fue que la gente se enteró de su llegada?. Pues, fue por medio de un muy corto mensaje escrito, que supuestamente él, había colgado en las redes, dos horas después de su llegada. Sobre éste hecho, para algunos sorprendente, hay el antecedente, de que, durante los anteriores 69 días, Chávez no hizo ninguna aparición pública, ni se revelaron pruebas sobre su salud desde su última operación en La Habana.

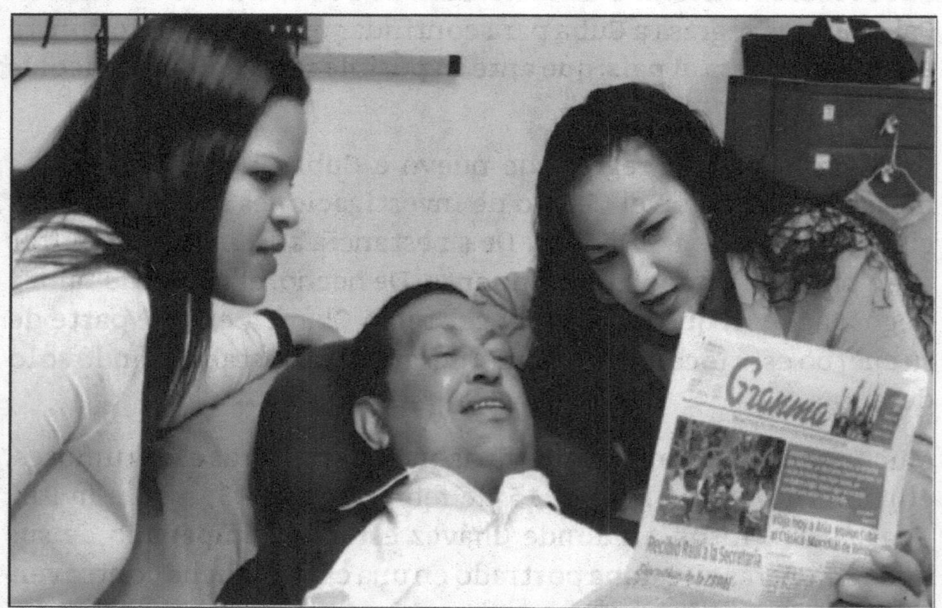

Una de las supuestas fotos de Chávez en Cuba acompañado de sus hijas.

Sobre esa llegada, hay algunos anécdotas. Por ejemplo, el principal canal estatal, Venezolana de Televisión, difundió una fotografía en la que se le ve bajando por una escalerilla del Airbus presidencial, en compañía de dos de sus hijas, pero la cadena precisó posteriormente en su página en Internet, que se trataba de una imagen de archivo. Otro hecho carecido, y reportado por el mismo canal de televisión, presenta el testimonio de una enfermera del hospital militar, que se identificó con credencial en mano como Dubraska Mora, quien manifestaba, que el "comandante" no habría ingresado en el centro de salud no solo en pie sino "sin ningún proceso invasivo", sugiriendo con sus palabras la remisión del tumor que padecía.

Existen hipótesis de que Chávez murió en La Habana antes de la fecha oficialmente anunciada. En una entrevista, la fiscal general Luisa Ortega Díaz, afirmó que el 28 de diciembre de 2012, durante un viaje fuera de Venezuela, recibió una llamada de Diosdado Cabello, pidiéndole que regresara al país, porque Chávez había fallecido. Cuenta además, que cuando hacía las gestiones para comprar los pasajes de regreso a Caracas, recibe otra llamada de Cabello, para decirle que no había muerto.

Hay unas declaraciones en enero de 2015, del segundo oficial al mando de la guardia del Presidente Chávez, el capitán de corbeta Leamsy Salazar, quien afirmaba que el mandatario falleció a las 17:32 del 30 de diciembre de 2012 en La Habana, y que llegó muerto a Caracas, versión que había sido mencionada antes por diversos políticos.

Euzenando Azevedo, quien era presidente de Odebrecht en Venezuela, y además enlace entre los altos miembros del gobierno de Chávez y Odebrecht, el 16 de diciembre de 2016, declaró en tribunales de Brasil en relación a la Operación Lava Jato, que Chávez murió en Cuba y no en Venezuela.

Y a todo ello, se suman diversidad de rumores. Por ejemplo, se habla acerca de cambios de ataúd en su traslado a Caracas, y el posible uso de una réplica de cera de Chávez. A ello, se suman las declaraciones de embalsamadores que viajaron a Cuba, y supuestas reacciones de quienes vieron de cerca el rostro del presidente fallecido. Sin dudas, todos estos "rumores" apoyan la idea de que todo ha sido un show montado por el Gobierno, o mejor dicho, por el mismo Nicolás Maduro. De hecho, hay "supuestas" fotos del cadáver, en donde no se aprecia la tan cuestionada verruga que tenía Chávez en la parte superior de la cara, con lo cual, de allí, de afirmar, que quien estaba dentro del ataúd, era una figura de cera.

Tras conocerse su fallecimiento, el cadáver fue paseado por las calles de Caracas, en una especie de cortejo fúnebre. El "supuesto" cadáver, viajaba dentro de un ataúd. Posteriormente, en la Academia Militar de Caracas, se instaló una capilla ardiente que duró 10 días, en donde su cadáver fue expuesto al público en una urna de cristal, para que todo aquel que lo quisiera visitar, pudiera dar sus respectos. Pero eso sí, sólo las personas podían estar como máximo, tres segundos. Posteriormente, el 15 de marzo Chávez sería trasladado a su mausoleo en el Cuartel de la Montaña de Caracas, y sellarían definitivamente su tumba, con un cajón de granito negro.

Durante la exhibición del cuerpo de Chávez, tanto en la capilla ardiente de la Academia Militar, como en el Cuartel de la Montaña, los visitantes tenían que dejar afuera las cámaras fotográficas, grabadores, teléfonos móviles, y todo aparato que pudiera grabar imágenes.

Según el gobierno, unos dos millones de personas vieron el cuerpo. La cuestión, es que hay miles, que aseguran, que lo que vieron, fue una figura de cera, ya que el cuerpo presentaba una piel lisa demasiado brillante y rosada, sus labios de color natural cerrados, tenía algo de pelo cubierto por una gorra roja y el cuello también liso y entero sin el hundimiento de la traqueotomía que le practicaron cuando estuvo convaleciente en Cuba.

Muchas de las personas que vieron la figura de cera, y lo habían denunciado en las redes como un engaño, pagaron caro su atrevimiento. Es el caso de la tuitera Lourdes Ortega, que por decir en su cuenta @ulilou "no se pero convertido en cera está", fue detenida durante 24 horas por órdenes de Maduro. La escusa para su detención, era porque Ortega pretendía "desestabilizar" a Venezuela con esos comentarios.

Mausoleo donde hoy están los "supuestos" restos de Chávez.

En fin, para muchos, la verdad se resume a que Chávez le llevaron enfermo a Cuba, ya que para muchos "comunistas", Cuba es el milagro de la medicina. Y al final, el mandatario adquirió una infección pulmonar durante su tratamiento en el llamado "paraíso médico", que le llevaría a la muerte.

Antes de que se produjese "oficialmente" la muerte del "comandante", Maduro, se montó todo un plan con su versión oficial de los hechos, para él, poder asumir luego sin problemas, y sin enemigos a la vista, el poder heredado por el mismo Chávez, quien le había designado a dedo como su sucesor. Quedá preguntarse, cuál fue la participación del régimen cubano, ya que sin dudas, a Raúl Castro le interesaba tener a su hombre fuerte (Maduro) defendiendo los intereses de La Habana en Caracas.

Y para finalizar con el tema, hay quienes afirman, que si en vez de ir a Cuba, Chávez hubiese ido a Brasil, o Argentina, a hacerse el tratamiento, hoy el "comandante", seguiría vivo.

EL FRAUDE ELECTORAL DE 2013

El 14 de Abril de 2013, se realizan elecciones presidenciales. La norma constitucional establecía que tras 30 días del fallecimiento del presidente, se deberían convocar para elegir su sustituto.

Muchos habían puesto en duda la fecha oficial del fallecimiento dada por Maduro, así como su designación temporal como presidente encargado, con lo cual, para muchos, sobre todo, para la oposición, lo de convocarse el día 14, no tenía mucho de cierta legalidad.

Para esta convocatoria, son llamados a las urnas casi 19 millones de personas. Votan unos 15 millones, con una participación del 79%. Y el resultado previsto, es el triunfo de Maduro, por un 50,61 %, frente a su contrincante, Henrique Capriles, que obtuvo el 49,12%. Un resultado catalogado por muchos como de infarto!.

En la campaña de éstas elecciones, destacó la gran desigualdad en cuanto al excesivo control gubernamental sobre los medios de comunicación, dándole una desproporcionada cantidad de espacio televisivo al chavismo, prácticamente sin un espacio para la oposición. El gobierno desató una auténtica "campaña negativa" contra Capriles. Por ejemplo, Maduro empleó unos comentarios que fueron considerados homofóbicos, llamando a Capriles "princesita", y declarando durante un masivo acto de campaña que "yo sí tengo mujer, me gustan las mujeres", a lo que Capriles respondió a ello, rechazando los comentarios sobre su sexualidad, describiéndose como "soltero", y afirmando que tenía una visión progresista de la vida, condenando la postura homófoba de su contrincante.

Capriles declinó firmar un documento del CNE comprometiéndose a reconocer el resultado, como lo hizo antes de las elecciones del 7 de octubre, comprometiéndose en cambio a "respetar la voluntad popular". Diosdado Cabello, líder chavista, había presentado una serie de supuestas evidencias, con grabaciones telefónicas, correos electrónicos y otros documentos, supuestamente demostrando que la oposición planeaba no reconocer los resultados electorales.

El líder opositor Henrique Capriles.

El 12 de abril, el vicepresidente Jorge Arreaza, anunció en televisión nacional, que el gobierno había arrestado a dos colombianos que se habían presentado como oficiales militares venezolanos, y habían tratado de interrumpir las elecciones. Y adicionalmente, Arreaza aseguraba que localizaron una jaula de armas, la cual, está vinculada a mercenarios salvadoreños, que el gobierno había acusado previamente, de conspirar para matar a Maduro.

En la noche del 14 de abril, tras conocerse los resultados, Capriles desconoció el boletín oficial emitido por el CNE, y llamó a un recuento total de los votos, ya que según su comando de campaña, se habían detectado al menos 3500 supuestas irregularidades durante el proceso de votación. A ello, se sumo la comunidad internacional, por medio de los gobiernos de España, Francia, EE.UU., Paraguay, y el secretario general de la OEA, José Miguel Insulza.

Maduro, aceptó la realización de la auditoría propuesta por la oposición, pero el CNE declaró que en Venezuela el proceso era automatizado, y que la auditoría propuesta no se podía realizar en los términos propuestos, pues según este organismo, no estaba prevista en el ordenamiento jurídico. En otras palabras, los chavistas montaron un sistema electoral a su medida, en donde el oponente, no tenía los mecanismos legales para impugnar un proceso electoral.

El 17 de abril, Capriles presentó su solicitud formalmente, con todas las denuncias correspondientes y la petición para la verificación total de las actas. El CNE se reunió por horas ese mismo día, hasta aceptar la verificación "en segunda fase", del 46% de las cajas de votación no auditadas al azar en un primer momento. Esta auditoría sin embargo no fue avalada por Capriles, argumentando que la misma "tendría que haber sido llevada a cabo junto a una revisión de los cuadernos de votación", por lo cual el proceso fue impugnado ante el TSJ.

El 11 de junio de 2013, el CNE anunció la finalización de la auditoría, respaldando la victoria de Maduro.

Así que una de las esperanzas que tenía la oposición, era esperar que el TSJ chavista, fijase su poción, la cual fue conocida, el 7 de agosto de 2013, anunciando que por unanimidad, declararon inadmisibles todas las impugnaciones a los resultados del 14 de abril de 2013.

Y que otra opción le podría haber quedado a la oposición?. Pues, el 9 de septiembre del 2013, presentaron la impugnación de las elecciones ante la Comisión Interamericana de Derechos Humanos (CIDH). De nada sirvió, ya que un día después, el gobierno chavista había abandonado formalmente dicha institución, en predicción, de que si en algún momento la CIDH condenase a Venezuela, pues, como el país ya no forma parte, no está obligada a acatar nada.

Y mientras se desarrollaba ese panorama con acusaciones de conspiraciones, y fraudes electorales, el venezolano de a pie, empezaba a sufrir con más rigor la escasez de alimentos, medicinas, y la inseguridad en las calles. El incremento de la tasa de asesinatos estaba más alta que nunca, considerándose a Caracas, la ciudad más violenta del mundo.

EL ORIGEN COLOMBIANO
DE MADURO

En cuanto a la legitimidad de Nicolás Maduro, como jefe de gobierno, hay un cuento muy interesante.

Tras asumir la presidencia, se corrió el rumor de que había nacido en Colombia, con lo cual, en la legislación venezolana, se establecía que para ser presidente, sólo podían postularse ciudadanos nacidos en territorio venezolano. La cuestión, es que todo esto estalló meses después de asumir el puesto, y claro, a partir de allí, se ha escrito mucho sobre el origen de Nicolás Maduro.

Se ha dicho, que no nació en una maternidad, y que nació en una casa particular, por lo cual, no hay registros en las maternidades de su nacimiento. Diputados de la oposición han viajado a Colombia para investigar el pasado de la familia Maduro. Se sabe con certeza que el padre (Nicolás Maduro), la madre (Teresa de Jesús Moros Acevedo) y la hermana del presidente (María Teresa de Jesús Maduro Moros), son colombianos, y que siendo Maduro un niño, estudió en Colombia.

Es más, y para rematar, el pasado 29 de julio de 2013, Guillermo Cochez, ex embajador de Panamá ante la OEA, mostró en el programa colombiano NTN24 la partida de nacimiento del mandatario, y en ella se mostraba que Nicolás Maduro había nacido en la ciudad colombiana de Cúcuta.

Y Maduro que ha dicho o todo ello?. De su parte, nada, pero sus altos camaradas chavistas, han hecho correr diversas versiones pintorescas. En una de ellas, se indica, que el registro donde figura el nacimiento, se quemó, por lo cual, no hay un documento oficial. También se cuenta, de que no nació en una maternidad, si no, en una casa particular en Caracas. La cuestión, es que hay quienes dan dos lugares distintos del nacimiento dentro de Caracas. En fin... todo un misterio!

El 10 de octubre de 2013, la presidenta del CNE, Tibisay Lucena, mostró, ante las cámaras del canal de noticias Globovisión, en Caracas, la "supuesta" partida de nacimiento de Maduro. Lucena había señado, que en dicha acta de nacimiento, pertenciente de la Parroquia La Candelaria en Caracas, se explica que Nicolás Maduro fue dado a luz en una policlínca de Caracas. Lo curioso, es que lo que había presentado Lucena antes las cámaras de televisión, no era una partida de nacimiento, sino una fotocopia de una pagina de las actas donde se registran los nacimientos, en donde para rematar, no se indica el nombre de la supuesta "policlinica", con lo cual, se crearon más nuevas dudas.

Pero para rematar más aun la situación de ésta historia llena de drama y suspensos, a finales de enero de 2017, el TSJ de Venezuela (bajo control chavista), dio a conocer un dictamen, que permite que un presidente venezolano, pueda tener doble nacionalidad. Así, que con ello, ya el asunto ha quedado resuelto!

A... y al día de hoy, el señor Maduro, nunca ha mostrado su documento oficial de nacimiento.

LA REPRESIÓN VERSIÓN NICOLÁS MADURO

En Febrero de 2014, Venezuela vuelve a estar en las portadas de todos los medios de comunicación del mundo. Para muchos venezolanos, el 12 de febrero, es una fecha simbólica, ya que se conmemora el día de la juventud, en recuerdo a José Félix Rivas, un patriota que lucho al lado de Simón Bolívar. Desde enero de ese año, en la ciudad de Mérida, se registraban protestas estudiantiles contra el gobierno. En aquellos días, se dio a conocer la muerte del estudiante Héctor Moreno, de la Universidad de los Andes, a manos de fuerzas del gobierno.

El objetivo principal de los manifestantes, era conseguir la renuncia de Maduro, y con ello, el cambio del modelo político-económico de Venezuela. Muchos manifestantes consideraban al régimen como una dictadura inspirada en el modelo de estado socialista, y que estaría dirigida desde Cuba.

Para el 12 de febrero, son convocadas por la oposición, y el sector estudiantil, diversas manifestaciones en las grandes ciudades del país. Por su parte, la repuesta del gobierno, fue convocar contra-manifestaciones en favor de Maduro, en donde el mensaje o eslogan gubernamental, es catalogar a la oposición de "golpistas, y "fascistas".

Así que frente a las numerosas manifestaciones estudiantiles anti Maduro en las ciudades de Mérida, San Cristóbal, o Caracas, las fuerzas de seguridad del gobierno aplicaron una violencia como repuesta, así como la detención y encarcelamiento de líderes estudiantiles. Uno de éstos líderes encarcelados, es Leopoldo López, a quien Maduro, le acusó directamente de estar detrás de la organización de las manifestaciones. Mientras tanto, en esos días, al menos 28 personas mueren en actos de violencia.

Entre las tantas "burradas" que dijo Maduro en esos días, por ejemplo, había llegado a afirmar que la ciudad de San Cristóbal estaba asediada por "paramilitares de derecha" bajo las órdenes del presidente de Colombia Álvaro Uribe. Uribe, por su parte, rechazó estas declaraciones diciendo que eran una táctica de distracción de Maduro ante los problemas reales del país, como le inflación, o la inseguridad en las calles. Maduro también había dicho que el alcalde opositor de San Cristóbal, Daniel Ceballos, pronto se uniría a López "detrás de las barras por fomentar la violencia". Al final, Ceballos fue arrestado en marzo por el Servicio Bolivariano de Inteligencia Nacional (SEBIN) sin una orden de arresto, y suspendido y destituido por el TSJ por desacato, por orden del Ministerio Público. Así, que un Alcalde de la oposición, que había ganado unas elecciones, era victima de la persecución chavista. Igual destino correría más adelante, el alcalde opositor de Caracas, Antonio Ledezma.

Otro detalle a destacar de esos días, es el papel de los llamados "colectivos", grupos básicamente de motorizados, financiados y armados por el mismo gobierno, cuyo papel, es meter miedo a la oposición en las calles. Ya diversas organizaciones venezolanas de derechos humanos habían denunciado que estas agrupaciones reciben armas del gobierno venezolano, y que tienen la misión de ser "guardias de choque" del chavismo.

Según el canal colombiano de noticias NTN24, en el mes de marzo de 2014, los colectivos chavistas participaron en forma violenta en 437 protestas, aproximadamente un 31% del total de las protestas en el mes de marzo, en donde se reportaron heridos de balas. Se ha acusado a los colectivos armados de atacar y quemar la Universidad Fermín Toro, luego de intimidar a los estudiantes que protestaban, y disparar contra uno de ellos.

Por su parte, Amnistía Internacional, informó que en esos días de febrero, habían recibido reportes del uso por parte de las fuerzas de seguridad del Estado, de "balas de goma y gas lacrimógeno disparados en forma directa contra los manifestantes a corta distancia y sin advertencia" y que "estas prácticas violan los estándares internacionales y han resultado en la muerte de por lo menos un manifestante".

A todo ello, se suma un informe del Foro Penal Venezolano, en donde se indica, que para esas fechas, se había registrado 18 casos de torturas a detenidos. Estas torturas, algunas por parte del SEBIN, incluirían golpizas, descargas eléctricas, y asfixia, además de tortura psicológica. A los detenidos se les negaría el acceso a abogados y serían obligados a firmar un acta donde declararían que sí habían sido atendidos por abogados defensores.

En resumidas, la repuesta del chavismo a las manifestaciones de los estudiantes, fue persecución, disparos, detenciones arbitrarias, torturas, y ningún derecho a tener una defensa adecuada los detenidos. A, sin olvidar, que hay denuncias de violación a mujeres, por parte de funcionarios armados del gobierno. Y no sólo a mujeres. En esos días, se dio a conocer el caso de Juan Manuel Carrasco, golpeado y violado sexualmente por funcionarios de la Guardia Nacional Bolivariana (GNB), quien según pruebas forenses realizadas posteriores al hecho, corroboran la violación, desmintiendo a la Fiscal General.

EL NEGOCIO DEL HAMBRE EN VENEZUELA, COMO UNA FORMA DE CONSOLIDAR LA REVOLUCIÓN BOLIVARIANA

En cuanto al tema de la economía, en el 2013, según las cifras del BCV, en el país se registró la inflación más alta del mundo, superando el 50 %. Empresas como la Toyota, cerraron sus instalaciones, así como muchas otras más, como es el caso de diversas industrias farmacéuticas, alimentarias, agrícolas, etc.

La razón de éstos cierres, es gracias a la política chavista de destruir el aparato productivo del país, con el único fin, de ir confiscando todo aquello, que el mismo régimen, ha llevado directamente a la quiebra. Lo ridículo de esa medida de política de confiscación, es que Maduro, cree, o trata de dar entender a sus seguidores, que el hecho de confiscar algo que ha sido arruinado por el mismo gobierno, puede ser rentable, y más, cuando entrega la gestión de esas empresas, a gente que no tiene la más mínima idea, de gestionar una empresa. Y como se entenderá, el resultado lógico en todo esto, es que la gran cantidad de dinero que ha invertido el gobierno en supuestamente reactivar una empresa quebrada, es más corrupción y despilfarro de dinero, mientras la gente de a pie, cada día pasa más hambre, ya que las empresas del sector alimentario, han cerrado, o mejor dicho, se han visto obligadas a cerrar ante la pésima gestión económica del estado.

Según la Federación de Cámaras de Comercio de Venezuela (Fedecámaras), en el año 2014, la deuda en dólares del gobierno con el sector privado de los laboratorios y la industria farmacéutica, es de 2300 millones de dólares. Y así como ocurre con ese sector productivo, ocurre igual en todos los demás sectores del país.

En 2014 Venezuela sufrió su escasez de alimentos más alta en cinco años, con un 26%. Y la repuesta de Maduro al problema, es acusar a diversas empresas de hacer acaparamiento de alimentos. Pero eso sí, para las pocas empresas que quedan en el país, el gobierno no da si un sólo dólar para importar los insumos o maquinarias para poder producir. Pero por otro lado, hay algunos altos cargos del gobierno, que si consiguen dólares, para comprar en nombre del gobierno, miles de containers (contenedores) de alimentos caducados fuera del país.

Por ejemplo, desde el año 2016, el gobierno, distribuye unas bolsas con alimentos básicos en la población por medio de un Comité Local de Abastecimiento y Producción (CLAP). Esos alimentos, su gran mayoría, son traídos de fuera del país, y pagados con dólares "preferenciales" que el gobierno da a sus amigos "empresarios" (militares y chavistas) para que los puedan comprar saltándose todos los procesos de control, fiscalización, y sanitarios, y así traer esos alimentos en containers a Venezuela. Las personas de a pie que adquieren esos productos importados, tienen que pagar un precio fijado por el mismo gobierno. La cuestión, es que la bolsa de alimentos importados, suele ser distribuida a las personas una vez al mes, aunque hay mucha gente que tarda hasta dos meses en ver dicha bolsa.

Y que productos hay dentro de esa bolsa?. Dependiendo de las existencia en stock. A veces un litro de aceite, un paquete de arroz, un paquete de pasta, 1 kilo de leche en polvo, o un kilo de harina de maíz.

En septiembre de 2017, una bolsa de CLAP tenía un precio al público de unos 10 mil Bolívares fuertes (Bfs). Vale destacar que con el sistema de control cambiario que había para esa fecha en el país por parte del mismo gobierno, el precio de la divisa para la adquisición de alimentos a tasa preferencial era de 10 Bfs por dólar, lo que revela el increíble nivel de corrupción de los CLAP. Para que tengan una idea, una caja o bolsa de productos, para el gobierno, le cuesta unos 20 dólares estadounidenses. Al tratarse de alimentos, el mismo gobierno, fija una tasa de cambio de 10 Bfs, por dólar, con lo cual, el precio real de cada bolsa o caja, es de unos 200 Bfs. Y al final, el gobierno se lo venden a la gente en 10 mil Bfs. Ahora, multipliquen está ganancia por miles y miles de bolsas que han vendido en forma racionalizada, y para colmo, con productos caducados o adulterados. En resumidas, el mismo gobierno, por medio de los CLAP, han montado un negocio muy, pero muyyyy lucrativo, en donde, unos se llenan de dólares al importar productos caducados con sobre precios en las facturas, y otros, se llenan de Bfs, con una super especulación de la venta del productos caducados al venezolano de a pie.

Los llamados CLAP están formados por representantes de los consejos, además de la Unión Nacional de Mujeres, y los llamados Frentes de Batalla Bolívar-Chávez. Es decir, se trata de una organización 100% chavista, la cual su misión, es hacer un censo, de quienes tienen derecho a poder comprar esa bolsa de comida, con lo cual, si hay alguien que hable mal de Maduro o la "revolución", ese no tiene derecho a comprar su bolsa de comida. Y lo peor de todo ello, es que nadie fiscaliza como se hace la distribución de esos alimentos. De hecho, hay directivos de esos CLAP que se roban cargamentos de alimentos, para hacer negocio en el mercado negro, o van a parar a los llamados "bachaqueros", que son los vendedores ambulantes, que ofrecen esos alimentos a más del doble del precio fijado por el CLAP.

Y de donde llegan los alimentos?. Pues, el gobierno de Maduro, a dado millones de dólares a sus amigos, para que se monten el negocio de su vida, trayendo al país, alimentos de países como Ecuador, Nicaragua, o México. Estos son traídos en containers en diversos buques, que llegan a diversos puertos del país, y allí, son descargados, y distribuidos a los CLAP. El problema, es que esa distribución, no suele ser muy clara, y al final, mucha de la mercancía se pierde en el camino, y va a parar en manos de los "especuladores" amigos de la "revolución". También se ha dado el caso, que algunos containers, se quedan olvidados, y los alimentos, simplemente, se pudren. O también se ha dado el caso, que otros alimentos, tras su llegada a las ciudades, han descubierto que la fecha de caducidad a espirado, y han optado por sobremarcar las fechas, para así, hacerlos pasar por alimentos actos para el consumo humano, a, y todo ello sin pasar por ningún tipo de control sanitario por parte de las autoridades venezolanas. Y si creen, que lo que he dicho es poco... bueno... aquí les cuento un anécdota: En 2018, una señora mayor, conocida de mi familia, tras hacer unas cuantas caminatas, pudo conseguir a unos "bachaqueros" unas latas de atún. Tras llegar a su casa, vio que en las latas, tenían su etiqueta con el nombre del fabricante, y vio que el producto había sido fabricado en Ecuador. Pero no pudo ver ninguna fecha de caducidad, ya que se la habían borrado. Al abrir la primera lata, se encontró con la sorpresa, que junto con el "pure" de atún, había un insecto, con lo cual, la pobre mujer opto por no consumir el producto. Y éste ejemplo de la lata de atún, ocurre con el resto de alimentos.

Otro ejemplo, es que el gobierno, trae leche el polvo desde México, y esa leche, no tiene la calidad mínima necesaria para el consumo humano. Un laboratorio de la Universidad Central de Venezuela (UCV), en 2018, hizo un análisis de varias marcas de leche traídas de México. Según la organización mundial de la salud, un niño, para su formación y desarrollo, necesita al menos un vaso de leche al día, con el cual, le aportaría el calcio necesario. Pues, en dicho laboratorio de la UCV, tras el análisis, llegaron a la conclusión, que para que un niño venezolano, pueda tener los niveles de calcio necesarios, tendría que tomar más de 100 vasos de esa leche mexicana. Y todo gracias a quien?. Pues, gracias a los dólares que dio el gobierno de Maduro a un "empresario" chavista, que se lleno sus bolsillos con una de las tantas estafas que se han montado, jugando con el hambre y la miseria del pueblo venezolano, en nombre de la "revolución bolivariana". Hoy, Venezuela, posee los índices más altos de desnutrición en toda su historia. Y lo lamentable, es que hay personas mayores y niños, que mueren por culpa de ello, mientras el gobierno, sigue en su campaña de que la culpa de la escasez es de los "empresarios fascistas", o de los "bachaqueros", que venden productos caducados traídos en containers del exterior por el mismo gobierno.

Pareciera, que una de las estrategias usadas por el chavismo, para perpetuarse en el poder, es hacer que el pueblo pase hambre y miseria, para así, con ello controlarle. En Cuba, la gente de ese país, desde la llegada de la revolución comunista, vive dependiendo de las cartillas de racionamiento de productos básicos (jabón, ropa, etc.) y alimentos (arroz, carne, legumbres, etc). El gobierno cubano, es quien establece, que cantidad de arroz, o carne, tiene derecho a comer cada cubano durante un mes, o cuantas camisas, o zapatos, se puede comprar durante un año. Así, que la población de ese país, depende su vida, de esas cartillas, mientras el régimen les dice desde hace 50 años, que pasan hambre, por culpa del bloqueo de los EE.UU.. Así, que los cubanos se han acostumbrado a la idea, de que su gobierno, les ayuda a medio sobrevivir frente al endemoniado "bloqueo americano", mientras en los hoteles de cinco estrellas de la isla, los turistas viven de lujo comiendo sin necesidad de usar una cartilla de racionamiento. Así, que el cubano de a pie, pasando hambre, se siente agradecido, porque el gobierno les da el supuesto derecho a pasar hambre.

En el caso de Venezuela, sólo hay la diferencia de que el chavismo, no da cartillas de racionamiento, ya que con ello, estaría obligado a alimentar, bueno, si se le puede llamar a eso alimentar a la población. Así, que lo que ha inventado el gobierno venezolano, es una especie de "cartilla de racionamiento" llamado carnet de la patria. Sin ese carnet, no tienes derecho a comprar la bolsa de productos caducados distribuidos de forma arbitraria por los CLAP. Por cierto, la escusa usada por el gobierno venezolano para justificar que la gente pasa hambre, es la llamada "guerra económica". En resumidas, un venezolano pasa más del doble o triple de hambre que un cubano.

Y no sólo la hambruna está acabando con la vida de los venezolanos. A ello, se suma el dramático aumento de la violencia en las calles. Para 2013, el Observatorio Venezolano de Violencia había afirmado que en Caracas hay 79 muertes por cada 100 mil habitantes, casi 25 mil venezolanos muertos por violencia en un año, mientras el Ministerio de Interior, sólo reconoce 39 por cada 100 mil habitantes. Según el mismo Observatorio, para el año 2016 esta cifra subió a 91.8 homicidios por 100 mil habitantes. En cambio, la fiscalía reconoce 70.1 por cada 100 mil habitantes, lo cual representa 8 veces más que el promedio mundial. Así, que nos encontramos con la dramática paradoja, que si en Venezuela no te matan para quitarte un par de zapatos, te mueres de hambre, desnutrición, o gracias a una enfermedad como el dengue.

Y qué han hecho los venezolanos para manifestar su descontento ante esa situación?. Tras diversidad de marchas, manifestaciones, huelgas generales... sólo le ha quedado al venezolano de a pie, el uso de las barricadas, conocidas popularmente en Venezuela con el nombre de "guarimbas". Pero de que sirve trancar o cerrar una avenida, o una calle, si al final, Maduro, ni le va, ni le importa. Además, los llamados "guarimberos", sólo tienen piedras y palos, para enfrentar tanquetas y ametralladoras. Y en ésto, en lo de un posible enfrentamiento, Maduro las tiene todas de ganar.

Así, que en el 2018, nos encontramos, que más de 2 millones de venezolanos, en menos de un año, se han ido del país, cansados de luchar, y de esperar, que tanto el gobierno, como la oposición, asuman los retos de reconstruir un país. No sólo el gobierno es el gran responsable. La oposición, también tiene su gran cuota de responsabilidad, al no saber usar los mecanismos adecuados para sacar a los chavistas del poder.

EL CASO ANTONIO LEDEZMA

En Febrero de 2015, el gobierno de Maduro acusa al alcalde opositor de Caracas, Antonio Ledezma, de planificar un golpe de estado
con el apoyo de EE.UU.. El día 19, es detenido en su oficina por
un comando del SEBIN. Las imágenes de su detención fueron vis-
tas en todo el mundo, gracias a las grabaciones de las cámaras de
vigilancia del edificio donde se produjo el allanamiento. En resumidas, otro alcalde de la oposición, en pleno ejercicio de su cargo,
es detenido por el gobierno. En la noche del mismo día, Maduro
reveló que por orden de la Fiscalía General, Ledezma es acusado
de ser partícipe en la llamada "Operación Jericó", que pretendía
derrocar al gobierno, siendo, según denuncias de la oposición,
éste el "duodécimo intento de golpe de Estado" que el presidente
denuncia. Tras pasar Ledezma retenido en una prisión militar, y
luego, preso en su propia casa, el 17 de noviembre de 2017, huye
de Venezuela, habiendo pasado 1002 días de detención.

Antonio Ledezma, días antes de ser detenido.

En cuanto a como Ledezma salió del país, no se está muy claro. Él dio una versión, para mi, algo no creíble, en donde indicaba, que en su huida por carretera, viajó 840 kilómetros desde Caracas a la frontera con Colombia, pasando por más de 20 controles de carretera, y ayudado por algunos militares venezolanos. Pero una cosa si les puedo asegurar. Para que él llegase a Cucuta, Colombia, con pasaporte venezolano, él, no lo hizo sólito. Creo, que alguien, desde el mismo gobierno de Maduro, puso el plan de fuga en marcha. Quizás montaron todo, con la idea de pararlo en plena frontera, y así, decir al mundo, que detuvieron a un peligroso conspirador. Pero como el gobierno hace todas las cosas mal, pero muyyy mal, el plan de detener a un "terrorista" en plena fuga, se les fue de las manos, y por algún azar del destino, Ledezma pudo escapar de carambola. Otra de las cosas que me ha llamado la atención sobre esta fuga, es el cómo Ledezma pudo conseguir algo tan difícil de obtener, como lo es el pasaporte. Como ya he comentado con anterioridad, desde el 2017 el gobierno no entrega pasaportes, siendo ello, un artículo de lujo difícil de conseguir. Insisto, en principio, sería aún más difícil de conseguir, si el propietario está encarcelado en su casa por ser enemigo del gobierno. De hecho, y estoy seguro, lo primero que hizo el gobierno cuando le detuvieron por primera vez en 2015, fue quitarle y anularle el pasaporte. En fin... un caso más para las cosas muy raras que pasan en el país.

LA VICTORIA DE LA OPOSICIÓN Y LA CREACIÓN DE UN PARLAMENTO PARALELO CHAVISTA

El 6 de Diciembre de 2015, se realizan elecciones para elegir el Parlamento. Tras 16 años de control de los chavistas en la Asamblea nacional, y a pesar de que se siguió usando el mismo método electoral con las "maquinitas", al final, la oposición, consiguió 112 escaños, frente a los 55 del gobierno. Es decir, con el mismo sistema de fraude usado siempre por el gobierno, los chavistas no pudieron minimizar su fracaso electoral, a pesar, de que al igual que en las campañas anteriores, el gobierno chavista, usó todos los recursos del mismo Estado, para hacer campaña a favor de sus candidatos.

Es más, una de las tácticas usadas por el régimen, para amedrentar a la oposición, y hacerle el mayor daño posible, fue la inhabilitación política de varios líderes de la oposición, que querían participar en las elecciones del 6 de diciembre. Entre los inhabilitados se encontraban Manuel Rosales, Pablo Pérez, María Corina Machado, Daniel Ceballos, Enzo Scarano, Carlos Vecchio y Leopoldo López, quien ya tenía una inhabilitación anterior, y que fue ratificada hasta el 2017. Esto fue denunciado por la Organización de Estados Americanos (OEA) como inhabilitaciones que "solamente operan para dirigentes opositores" en "casos prejuzgados" basados en acusaciones no sustanciadas.

Tras conocerse los resultados oficiales, a los pocos días Maduro denunció un presunto fraude que habría cometido la oposición por medio de una supuesta "compra de votos" por parte de candidatos opositores para garantizar votos a su favor. Maduro aseguraba el tener pruebas, y había encomendado la investigación al alcalde chavista del municipio Libertador de Caracas, y jefe del comando de campaña oficialista, Jorge Rodríguez. Posterior-mente, Rodríguez efectuó una alocución pública donde asegu-raba haber reunido testimonios y evidencias de la ocurrencia de irregularidades que viciaban de nulidad los efectos de la elección, específicamente en el estado Amazonas, e había instado al CNE a investigar tales presuntos sucesos.

En resumidas... quien creo, desarrolló, y controló el proceso elec-toral, ahora sale con el cuento de que hay un fraude, y que habría que anular el resultado de las elecciones.

Adicionalmente, Maduro denunció públicamente como presunta situación "irregular" la abundancia de votos inválidos registrados en las elecciones, asegurando que la suma de los mismos equi-valía a "un millón y medio de votos". Maduro insistía que tales votos no efectivos, presuntamente resultado de una deliberada mala asesoría de los miembros de mesa a los votantes, había con-seguido alterar en circuitos específicos los resultados. Presentó como ejemplo el icónico circuito 3 del estado Aragua, donde la candidata opositora consiguió su curul con solo 82 votos de dife-rencia de la candidata oficialista.

Para expertos en temas electorales, los votos nulos no podían ser argumentados como efectos de nulidad para la elección nacional, en primer lugar, porque el voto nulo no es causal de impugna-ción. Igualmente, la cantidad de votos nulos denunciadas por el presidente estaba sobredimensionada, y de acuerdo a análisis comparativos de la elección de 2015 con otros precedentes, no representaron un aumento significante como para considerarse una irregularidad. De acuerdo al análisis individual de los circui-tos electorales a nivel nacional, los casos en los que un candidato ganara con mayor cantidad de votos nulos que diferencia con el candidato rival fueron mayores a favor del oficialismo que a la oposición.

Semanas después de las elecciones, la oposición denunció que el TSJ quería impugnar el proceso electoral en un número de circunscripciones que afectaban a unos 22 diputados electos, y que adicionalmente, se quería impedir la juramentación de dichos diputados. Ante dicha denuncia, el TSJ desmintió dicha información. Pero eso sí, una semana después, el TSJ difundió oficialmente que había aceptado 7 denuncias de impugnaciones que afectaban a un total de 8 diputados electos para representar a los estados Amazonas, Aragua y Yaracuy.

Al final de toda esta trama, en enero de 2016, tres diputados de la oposición renuncian a la Asamblea Nacional bajo la presión del TSJ, dejando a la coalición opositora, sin la mayoría necesaria para bloquear las leyes propuesta por Maduro.

Y a pesar de que Maduro, en alguna medida, consiguió lo imposible frente al Parlamento opositor, él, luego optará más adelante, por una nueva táctica: Crear un Parlamento chavista paralelo a su medida, con la intención de deslegitimizar al Parlamento electo con mayoría opositora. Y para ello, anuncia que para el mes de julio de 2017, se elegirá una Asamblea Constituyente, con lo cual, la normativa establece, que para ello, primero se debería disolver el nuevo Parlamento recientemente electo en Diciembre, y claro, con ello, Maduro tendría la oportunidad de intentar montar otro Parlamento a su medida.

Ante éste anuncio de la convocatoria de la Asamblea constituyente, en septiembre de 2016, miles de personas protestan en Caracas exigiendo la renuncia de Maduro. Pero a pesar de las protestas, Maduro sigue en el poder, como si nada.

Entre los meses de abril y julio de 2017, se desarrolla una ola de protestas a nivel Nacional, con un saldo trágico de más de 90 personas muertas. Los manifestantes exigían elecciones presidenciales adelantadas, y la suspensión de la Asamblea Constituyente. La repuesta de Maduro, fue ordenar a los empleados públicos, a votar por la Constituyente. Así que se sobre entendió, que empleado público que no vota por el gobierno, empleado despedido del cargo.

Hoy, Venezuela tiene más de 2,8 millones de empleados públicos, con lo cual, Maduro tiene asegurado 2,8 millones de votos. Y ustedes se preguntarán el porqué el país tiene la tasa de empleados públicos más alta del mundo?. Pues, muy sencillo. Mientras más empleados tenga, más votos a su favor. Para que tengan una idea de que se trata de una estrategia del chavismo, les voy a dar una cifra:

Desde el año 1999, cuando llegó el "comandante" al poder, hasta el año 2015, la cifra de empleados en el país se incremento en más de 100%! Es decir, el país con el chavismo, tiene más del doble de empleados, y con ello, insisto, una garantía directa de casi 3 millones de votos. Así, se entiende en alguna medida, como en el país se despilfarra dinero.

Por cierto, me acordé de un anécdota sobre funcionarios públicos en Venezuela. En 1999, tras le llegada de la revolución, desde una universidad venezolana, se quiso hacer un estudio sobre porque el hipódromo de Caracas, era el único hipódromo en todo el mundo, que producía perdidas, a pesar, que supuestamente, cada fin de semana, se recaudaban millones y millones de bolívares en apuestas. Así que miraron cifras del personal que trabaja allí, y por ejemplo, vieron que para el servicio de limpieza, habían contratadas unas 180 personas. Tras hacer un estudio sobre las necesidades reales de personal, dedujeron, que con 35 personas, daba más que suficiente para mantener limpia las instalaciones. Es decir, habían contratadas para esa labor de limpieza más 140 personas, que sólo iban allí los días de cobro de su salario. Y si miramos que esto ocurre con los demás puestos de trabajo como secretarias, vigilantes, etc, se podría entender perfectamente, porqué es el único hipódromo en todo el mundo que tiene perdidas. Y el ejemplo del hipódromo de Caracas, se puede trasladas al resto de instituciones del Estado, y así, comprendemos, porque Venezuela tiene más de 2,8 millones de funcionarios públicos. A... otro dato: Venezuela es el país con más altos cargos de ministros del mundo con 34!. Para dar una idea con otros países, por ejemplo, en Alemania, que hay más del doble de población que en Venezuela, en ese país, apenas hay 14 ministerios. En fin, el chavismo ha creado un sistema político, con el que al tener 34 ministerios, ello da para crear mucha más corrupción, a, y por otro lado, con ello comprar los votos de 2,8 millones de personas (funcionarios).

Día de instalación de la Asamblea Constituyente chavista.

El 30 de julio de 2017, fueron realizadas las elecciones para escoger a los 545 miembros de la Asamblea Constituyente, y el 4 de agosto se instaló formalmente en el Salón Elíptico del Palacio Federal Legislativo (también sede de la Asamblea Nacional). Lo llamativo de esta "Asamblea", es que todos, insisto, todos sus miembros son chavistas. Supuestamente, la idea de dicha Asamblea, era redactar una nueva constitución, para lo cual, se fijó un periodo de dos años. Un detalle importante en todo éste cuento de la "Asamblea Constituyente", es que el TSJ chavista, dicta la decisión 156. mediante la cual, dicha "Asamblea Constituyente" se atribuye a sí mismo las funciones de la Asamblea Nacional, y se extienden los poderes del presidente Maduro, según la Sala Constitucional "hasta que persista la situación de desacato" del

Parlamento. Es decir, en ese momento, en Venezuela existen dos Parlamentos. Uno electo con mayoría opositora a pesar de las trampas del chavismo, y cuyas resoluciones son ignoradas por el régimen; y otro Parlamento montado por Maduro, con 100% de miembros chavistas, cuyas decisiones ilegales, tienen que ser acatadas a punta de fusil.

Y cuales han sido los grandes logros alcanzados por la nueva "Asamblea Nacional Constituyente chavista"?:

El 5 de agosto de 2017, acuerda la destitución de la fiscal general Luisa Ortega Díaz, que estaba previamente suspendida por el TSJ. Dada la destitución, la Guardia Nacional impidió a Ortega entrar en su lugar de trabajo.

El 16 de agosto de 2017, a Germán Ferrer, diputado chavista y esposo de la fiscal general Ortega, le levantan la inmunidad parlamentaria.

El 26 de octubre de 2017, destituye a Isaías Rodríguez, quien hasta entonces tenía el cargo de segundo vicepresidente en la Asamblea chavista. Esto ocurrió luego de que Rodríguez diera declaraciones en medio de una entrevista transmitida por la Agencia Venezolana de Noticias (AVN), donde reconoció que el organismo del que formaba parte, no representaba la solución para los problemas sociales, económicos y políticos que sufría el país.

El 6 de noviembre de 2017, autoriza el enjuiciamiento del diputado opositor y primer vicepresidente de la Asamblea Nacional Freddy Guevara, refugiado en la embajada de Chile en Caracas, luego de que el TSJ pidiera al órgano levantarle la inmunidad.

El 8 de noviembre de 2017, aprueban una "ley contra el odio". En ella, se establecen penas de 20 años de cárcel, cierre de medios de comunicación, y multas a empresas y medios electrónicos, entre otras sanciones. La dichosa ley es polémica, y ha sido criticada en Venezuela por diversos sectores de la sociedad. Y a pesar de las condenas, allí sigue en pleno vigor.

El 7 de agosto de 2018, se acusó al parlamentario Juan Requesens, junto al también diputado y ex presidente de la Asamblea Nacional Julio Borges, ambos líderes de la oposición, de estar presuntamente involucrados en el famoso atentado con drones contra Nicolás Maduro. El día siguiente, la Fiscalía General, pidió al TSJ emitir sentencia para dar pie a la remoción de la inmunidad parlamentaria de Requesens y Borges, la cual fue efectuada y remitida a la Asamblea Nacional Constituyente, quien la aprobó.

En fin, he dado una pequeña muestra de lo que sido la Asamblea Nacional Constituyente, la cual, ha usurpado las funciones del Parlamento, violando todas las normativas nacionales y internacionales, ha asumir competencias plenas del Parlamento venezolano. Y por cierto, lo tétrico de toda esta historia, es que el auténtico Parlamento, ha sido dejado en segundo plano, y sus decisiones y resoluciones, son ignoradas por el régimen.

Y si alguien aún se pregunta, si eso de la Asamblea Constituyente es legítima, pues, aquí les doy un dato:

Maduro, fue quien decidió convocarla, y según el artículo 348 de la Constitución chavista, el presidente, sólo tiene un papel de proponerla. Y al final, el pueblo, con una consulta o referéndum, es quien decide, si o no, convocarla. Esto fue lo que ocurrió con la anterior convocatoria de Asamblea de 1999.

Pero para quitar dudas a los vicios de ilegalidad, todo en Venezuela, al final se resuelve, con una decisión del TSJ, el cual, tiene una peculiaridad, por el hecho de que todos sus miembros fueron electos a dedo por los chavistas. El 7 de junio de 2017, la Sala Constitucional del TSJ, dictó la sentencia 378, en donde decidió que el presidente está facultado para convocar una constituyente sin referendo consultivo previo, ya que él actuaba en nombre de la soberanía del pueblo. En resumidas, Maduro tiene más poderes que su antecesor Chávez.

A, otro detalle de la historia: El único papel teórico que tiene una Asamblea Nacional Constituyente, es trabajar en la redacción de un proyecto de nueva constitución, para que posteriormente, en un referéndum, sea aprobado, o rechazado por la población. La cuestión, es que desde que se instaló, su único trabajo ha sido emitir leyes inconstitucionales, acordar enjuiciamientos a dirigentes opositores, o destituir altos funcionarios del Estado que son cuestionados por su lealtad al régimen. En resumidas, dicha Asamblea, ha asumido un papel de "tribunal inquisidor".

Por último, me gustaría hacer una especie de reflexión con el caso del diputado opositor Julio Borges. Ante su inminente encarcelamiento, Borges escapó a Colombia. El 11 de octubre de 2018, el gobierno colombiano le otorga a Borges el estatus de refugiado. En resumidas, otro dirigente de la oposición que ya no podrá pisar Venezuela.

Pero lamentablemente, todos los dirigentes opositores no han tenido la misma suerte de Borges o Ledezma. Seis días antes, el 5 de octubre, el concejal opositor Fernando Albán, llegaba de viaje desde Nueva York, tras denunciar en la sede de la ONU, al régimen chavista. Apenas pisar suelo en el aeropuerto de Maiquetía de Caracas, era detenido acusado de haber participado en el dichoso atentado con drones. Le trasladaron a la sede del SEBIN, y según la versión oficial del gobierno, el detenido solicitó ir al baño en el piso 10 de la sede del SEBIN, y luego, se tiró desde una ventana de dicho baño. Así, que la versión oficial del gobierno, es que el concejal se suicido. Tras las denuncias de la oposición, en donde recalcan que el detenido fue torturado y asesinado, casi nadie se cree la versión del suicidio, y más cuando hay contradicciones en la versión oficial del gobierno.

Hay quienes afirman, que en los baños del piso 10 del SEBIN no hay ventanas. Ante éste hecho, el fiscal general de Venezuela, el chavista Tarek William Saab, presentó una foto en rueda de prensa, en donde se muestra la imagen de una ventana en un pasillo del edificio. Saab afirmaba que la foto corresponde al lugar donde se lanzó el concejal. La cuestión, es que con dicha foto, se contradice la primera versión oficial, ya que esa foto, no es del interior del baño donde en principio se había lanzado el detenido. Es más, no pueden presentar la foto de la ventana del baño, ya que no hay ventana.

Diputado opositor Julio Borges.

En fin, ante el evidente hecho de que el mismo gobierno no sabe como sostener sus versiones contradictorias de lo realmente ocurrido, deciden ir más lejos al inventarse otro cuento con tintes más que tétricos. El 12 de octubre, el día en que era enterrado el concejal, el gobierno chavista, dice que han descubierto, que en el teléfono del concejal Albán, habían más de 2000 vídeos supuestamente pornográficos y pedófilos, y que posiblemente, por ello, se había suicidado. Así, que después de matarle, buscan desacreditarle, acusándole de pedófilo, o de desequilibrado mental. Y lo peor aun de ésta historia, es que luego habrá alguien del gobierno que dirá, que quien le tiro por la ventana, hizo justicia.

La cuestión, es que en poco tiempo, en la sede del SEBIN, han muerto otras dos personas detenidas. Una es Rodolfo Pedro González Martínez, quien llevaba más de un año detenido por haber participado en manifestaciones antichavistas, y que supuestamente, según la versión oficial del gobierno, en marzo de 2015, se suicidó. Y el otro caso es el del concejal Carlos Andrés García, quien murió el 17 de septiembre de 2017, después de que lo trasladasen desde el SEBIN hasta un hospital.

En fin, tres casos que tienen el denominador común de que todos son opositores, y todos murieron bajo custodia del gobierno.

A, y no hay que olvidar, que según el Foro Penal Venezolano, hasta octubre de 2018, sólo en Caracas, habían más de 250 presos políticos opositores, bajo custodia del gobierno, y que están en condiciones infrahumanas al no tener los derechos básicos a una adecuada atención de sus casos. Muchos de los detenidos, sufren torturas físicas y psicológicas, y a ello, hay que agregar, que al estar encarcelados en unas condiciones deplorables en lugares insalubres, con el paso del tiempo han adquirido enfermedades, gracias en gran medida, a que son mal alimentados a propósito. Por cierto, la muerte del concejal Carlos Andrés García, fue gracias a ello. Es decir, murió tras padecer una enfermedad mal tratada, o mejor dicho, por falta de atención médica en la cárcel, y cuando vieron que la muerte era inminente, le llevan a un hospital, para luego decir, de que el concejal no murió bajo custodia del gobierno en la cárcel.

EL SUPER FRAUDE ELECTORAL
DE MADURO EN 2018

Para el 1 de marzo de 2018, se convocaron las elecciones presidenciales, y en principio, la oposición, se había planteado en participar en dichos comicios. Es decir, no comprendo, como es posible, que viendo lo que había ocurrido en menos de un año, con la elección ilegítima de una Asamblea Constituyente, la cual, inhabilitó al Parlamento con mayoría opositora, aun, la oposición, se plantease dudas si participar o no, en otras elecciones, en las que ya sabían de antemano, que iban a ser manipuladas. Insisto... no entiendo, que ante las diversas irregularidades denunciadas durante la convocatoria y el proceso electoral, incluyendo la inhabilitación de candidatos, el impedimento de participación de partidos opositores, la falta de competencias constitucionales de la Asamblea Constituyente para convocar a elecciones, la falta de tiempo para los lapsos establecidos en la normativa electoral, y la compra de votos, aun la oposición, se plantease la idea de participar en dichas elecciones.

Tras la convocatoria por parte de la Asamblea nacional Constituyente, mediante decreto "inconstitucional", algunos partidos de la oposición, cayeron en el juego al pedir un aplazo de un mes, de unas elecciones, que fueron convocadas por una Asamblea Constituyente, que supuestamente, la misma oposición, la tildaba de ilegal y ilegítima, al asumir competencias del Parlamento "legítimo" venezolano. En resumidas, la oposición reconocé por un lado la legitimidad de algo, que dicen que es ilegal.

El 1 de marzo de 2018, un sector de la oposición, junto con los chavistas, firman un acuerdo para aplazar las elecciones al 20 de mayo, y adicionalmente, acuerdan que observadores internacionales participarían en el proceso. Insisto... los señores de la oposición, firman un papel, reconociendo la convocatoria "ilegal" de unas elecciones.

En el mes de marzo de 2018, la empresa Smartmatic, la compañía que durante todo el chavismo, montó el sistema de votación con máquinitas electrónicas electorales, anunció su cese de operaciones en Venezuela, declarando que no podían garantizar la validez de los resultados electorales mediante sus máquinas. Así, que si la misma empresa que había parcipado en montar los anteriores fraudes electorales, no daba garantía de los resultados de otro fraude, no entiendo, como la oposición, aun quería participar en dichas elecciones.

Bueno, una cosa hay que tener clara. Al final, una parte de la Mesa de la Unidad Democrática (MUD), que agrupaba a los partidos de oposición, no participó. Quizás el hecho, de que el 25 de enero de 2018, la Sala Constitucional del TSJ, ordenase al CNE excluir a la MUD del proceso de validación de boletas electorales, imposibilitando la participación del tarjetón en las elecciones presidenciales, tendría algo que ver. Tania D' Amelio, una de las rectoras del CNE, había declarado que la MUD no podía participar en el proceso por tener procedimientos judiciales abiertos en siete estados. El mismo mes, los partidos principales de la MUD (AD, Voluntad Popular y Avanzada Progresista), así como voceros de la misma, habían anunciado que participarían en las presidenciales. Ese mismo mes, Juan Pablo Guanipa, Andrés Velásquez, Claudio Fermín, Henry Ramos Allup y Henri Falcón, anunciaron su candidaturas convocando unas primarias dentro de la MUD para elegir el candidato a presidente por dicha coalición de partidos.

Y insisto... con todo lo que ha ocurrido, la oposición insistía en participar en otro fraude electoral cantado?.

Finalmente, el 21 de febrero, los partidos de la coalición, exceptuando Avanzada Progresista, llegaron a un acuerdo para no participar en las elecciones. En un comunicado, los dirigentes de la MUD, habían señalado que "El evento prematuro y sin condiciones que se anuncia para el próximo 22 de abril es solo un show del propio gobierno para aparentar una legitimidad que no tiene".

Así, que Maduro compitió contra sólo tres candidatos. Uno era Henri Falcón, de Avanzada Progresista, otro era Javier Bertucci, por el partido llamado El Cambio, y el tercero fue el chavista Reinaldo Quijada.

En el caso de Falcón, tras conocerse su postulación, fue expulsado de la MUD.

Faltando 12 días para las elecciones, la ONG Observatorio Electoral Venezolano (OEV) publicó un documento de 50 páginas, en donde denunciaba las irregularidades del proceso electoral. Por ejemplo, señalaban que había inhabilitación de candidatos, así como la ilegalización de partidos políticos como Primero Justicia, Puente, Voluntad Popular, y la tarjeta electoral más votada en la historia de elecciones en Venezuela, la de la MUD. Dicho informe resaltaba que una de las consecuencias más graves de un proceso con tantos vicios era "la desvalorización (...) del voto como vía democrática para resolver (...) diferencias y enfrentar la crisis política económica y social que vive el país". También en dicho informe, se señalaba que hay un uso indiscriminado de los recursos públicos antes del inicio y durante la campaña por parte de Maduro, así como el uso del Carnet de la Patria, como "dispositivo de coacción", y de estímulo para quienes voten por el gobierno. Ésto es, que aquellas personas que presenten el carnet el día de las elecciones, el gobierno les regalaría dinero a cambio de su voto. A todo ello, se suman las denuncias de los candidatos de la oposición, por la limitación en el acceso a los medios de comunicación, y el ventajismo por parte de Maduro, al utilizar recursos y dinero del estado para financiar su campaña.

Para que tengan una idea, de como el gobierno de Maduro, uso todos los recursos del Estado, para financiar y desarrollar su campaña electoral, voy a citar una acusación del periódico venezolano Tal Cual Digital, quien denunció en un artículo, el como fue el cierre de campaña de Maduro. Según indica el diario, el acto de cierre de campaña del 17 de mayo, fue "la mayor demostración de corrupción", criticando dicho diario, el "descarado" uso de recursos públicos, incluyendo estructuras de personal de ministerios. Dicho diario, publicó como prueba, un audio, en el que se demuestra que la convocatoria se hizo aprovechando las nóminas de los despachos gubernamentales. Tal Cual también publicó el plan operativo del cierre de campaña del Partido Socialista Unido de Venezuela (PSUV), en donde se aprecia, que en el documento las casillas correspondientes a los partidarios responsables aparecen vacías, y se asignan responsabilidades directamente a los ministerios y a distintas instituciones públicas, incluyendo la de movilizar grupos de personas. El plan operativo describía que PDVSA instaló la tarima principal, las plantas eléctricas, el backing y los sistemas de sonido; que el Ministerio de la Defensa fue el encargado de las detonaciones de fuegos artificiales; que el Ministerio para el Desarrollo Minero se encargó de la decoración; y que otros despachos se encargaron de la instalación de baños, pantallas, barreras, toldos y refrigerios. En la página 6 de dicho documento, también se explica que la gente que abrazó la tarima desde donde hablaba Maduro, eran milicianos vestidos de civil. En fin... una pequeña muestra de la "imparcialidad" de Maduro.

Para el día de las elecciones, son convocados más de 20 millones de personas, de las cuales, según el gobierno, votan unos 9 millones, y según la oposición, algo más de 3 millones, con lo cual, hay una "ligera" diferencia de 5 millones. En todo caso, si hacemos caso al gobierno, la participación fue de un 46%, siendo la más baja en toda la historia del país. Y para rematar, el resultado fue el triunfo de Maduro, con un 67% de los votos. Es decir, el mismo gobierno reconoce, que Maduro fue electo presidente con algo más del 17% de los electores llamados a votar.

Y qué han dicho los candidatos de oposición a todo esto? Pues, asumir su discurso del pasado, es decir, que todo fue un fraude, y que no reconocerían los resultados. A ver si entiendo: Después de todo lo visto, los antecedentes, las irregularidades del gobierno, aun, hay alguien de la oposición, que creyese, que Maduro no iba a manipular los resultados?.

Dirigentes de la oposición anuncian que no reconocen el resultado electoral.

En fin, a pesar de la lluvia de denuncias por parte de la oposición, ONGs, y de expertos en materia electoral; y de que más de un centenar de gobiernos no reconocieron los resultados, el 24 de mayo de 2018, Maduro se autojuramentó como presidente ante la Asamblea Nacional Constituyente 100% chavista, adelantando una ceremonia, que debería haber tenido lugar en enero de 2019, y ante la Asamblea Nacional como ordena el artículo 231 de la Constitución venezolana. Ante esta irregularidad anticonstitucional, La Asamblea Nacional con mayoría opositora, aprobó un acuerdo en el que se desconocen los resultados electorales y la reelección de Maduro, quien "debe ser considerado como un usurpador". Y Maduro que ha dicho a todo ésto? Pues, tirili... tirili... que le da igual.

Por cierto, a finales de septiembre de 2018, Maduro fue a la Asamblea de la ONU, a dar su discurso como presidente de Venezuela, ante numerosos países, que meses antes, no le reconocían como presidente electo. Y me pregunto... si la mayoría de países de la ONU no le reconocen como presidente de Venezuela, porqué carrizos le invitan y le dejan dar su discurso?.

A finales de 2018, diversos países, así como organismos internacionales, como la OEA, o la UE, manifestaron sus dudas sobre la legitimidad de Maduro como presidente. Por ejemplo, el ministro de exteriores de España, había llegado a decir, que iban a esperar al 10 de enero de 2019, día "oficial" de la finalización del mandato de Maduro, para que España fijase una posición. También, la oposición en Venezuela, se planteó la idea de esperar al 10 de enero, aunque ya anunciaban, que ante la ilegitimidad de Maduro, se habría la posibilidad constitucional, de que el presidente de la Asamblea Nacional (Parlamento con mayoría opositora), pudiese asumir temporalmente la presidencia del país, con la finalidad de convocar en unos meses unas nuevas elecciones limpias.

Ante éste ambiente de ilegitimidad que rodeaba a Maduro, a éste se le ocurrió que el día 10 de enero, juraría de nuevo su cargo ante el TSJ, órgano que se caracteriza por el hecho, de que la mayoría absoluta de los jueces que lo conforma, son unos chavistas puestos a dedo por el mismo Maduro. Así, que Maduro, organizó un nuevo show para justificar su "legalidad" como presidente. En un capítulo más adelante, les contaré con algo más detalles esta historia, y el cómo ha terminado éste lío, o mejor dicho, cómo se empeoró dicho lio.

A... y otra cosa... Junto con las elecciones presidenciales de 2018, se realizaron elecciones de los consejos legislativos estadales. Y cual creen que fue el resultado?. Pues el partido de Maduro, el PSUV, arrasó en todas las regiones del país.

EL CARNET DE LA PATRIA

Junto con el sistema electoral con maquinitas que monto el chavismo, se le ha sumado otro mecanismo casi tan perfecto, que sin dudas, hace imposible que Maduro y los chavistas, pierdan unas elecciones. Podríamos decir, que se trata de un elemento de control ciudadano, creado por el régimen de Maduro, y que consiste, en el llamado "carnet de la patria".

En diciembre de 2016, Maduro lo dio a conocer formalmente, anunciando que gracias a un convenio con China, ese país se encargaría de la plataforma tecnológica que gestionaría el control y expedición de dicho carnet. Es decir, el control de documento de identidad y pasaportes, está en manos de los cubanos, y ahora, crea un nuevo documento, entre comillas, no de uso obligatorio, pero bajo control chino.

La cuestión es que a pesar de su supuesta no obligación a que la gente se lo saque, desde el primer momento, ya Maduro había anunciado que quien no tenga dicho carnet, no podrá tener derecho a los beneficios que supuestamente da el gobierno, como es el caso de las bolsas de comida caducada CLAP, o ser mal atendido por los médicos cubanos. Es más, en 2018 el gobierno chavista manifestó que aquellas personas jubiladas que no tengan el dicho carnet, no podrían cobrar su misera pensión de dos dólares al mes. Así, que mi madre, con 81 años, y en contra de su voluntad, fue una de las tantas miles de personas, que tuvo que dejarse sub y ugar por el régimen.

Ante ese ambiente de amenaza, muchos venezolanos, en su comienzo, se negaron a sacar el dichoso carnet, para no ser ser fichados por el gobierno, ya que se entendía, que al tener ese carnet, bueno, se podía establecer que su portador es un chavista. De hecho, la idea del carnet, es con la finalidad, de que su portador, el alguna medida, guarde lealtad al régimen. Por otro lado, si ese portador, no demuestra su lealtad a Maduro, pierde el carnet, y con todo ello, todos los supuestos beneficios, o derechos como ciudadano venezolano.

Según cifras del gobierno, para mayo de 2017, más de trece millones de personas habían tramitado el carnet, asignando más de 200 mil tarjetas de la Misión Hogares de la Patria, y al menos 50 mil becas estudiantiles. Es decir, si un venezolano desea tramitar una vivienda, o una beca estudiantil, o su pensión, si no tiene el carnet "chavista", no tiene ningún derecho.

Se ha llegado al extremo, que el agosto de 2018, Maduro anunció que el precio de la gasolina se vendería en Venezuela a precio internacional, y que aquel que tenga el carnet, podría disfrutar el antiguo precio congelado desde hace 20 años. Para que tengan una idea del precio congelado, en 2018, con unos 0,000050 céntimos de euro, puedes llenar un tanque del coche. Si!, con unos 0,000050 céntimos!. Para que tengan otra idea del negocio de la gasolina: Con 1 Euro, en Venezuela da para llenar los tanques de más de 1000 vehículos medianos. Ahora, si no tienes el carnet, llenar el tanque del coche, costaría unos 40 Euros, mientras que el salario medio en el país, es de unos 2 Euros al mes. Ante éste tipo de "chantaje", millones de venezolanos, se han visto obligados a sacar el carnet. Por cierto, en agosto de 2018, vi en la tele, unas imágenes de Maduro en una de sus cadenas, diciendo con animo burlón, que ya conocía a más de un dirigente de la oposición, que tenía su carnet de la patria. Es decir, sin saberlo, el dio a entender, que él tenía su listado de opositores que tienen carnet. Y de donde ustedes creen que ha sacado la lista?. Pues, de sus amigos chinos, a quienes el gobierno ha puesto a dedo, para la gestión de la emisión de los carnets.

Diversos sectores de la sociedad, partidos de la oposición, gremios, etc, han denunciado está nueva forma de control del gobierno. El escritor y periodista venezolano Leonardo Padrón, describió al carnet como un "canjeo de hambre por votos". Y usted se preguntará, cómo es eso? Pues muy sencillo:

Desde la creación de dicho carnet, en Venezuela se han vivido varios procesos electorales. Durante el desarrollo de las campañas electorales para dichos procesos, el gobierno animó a la población, a que el día de la votación, tenía que acudir al centro de votación, presentando en la mesa electoral dicho carnet, en lugar del documento oficial de identificación (cédula de identidad). De hecho, hay un anécdota que yo mismo vi por televisión, que me causo, más risa, que asombro. Durante las elecciones de la Asamblea Nacional Constituyente de 2017, la cadena de televisión nacional Venezolana de Televisión, transmitió en vivo y directo, cuando Maduro fue a votar, y en el momento del escaneó su carnet de la patria para verificar que votó, todo el mundo, en cadena de televisión, en vivo y directo, pudo ver claramente, que en la pantalla del lector del dispositivo de registro mostró el mensaje: "La persona no existe o el carnet fue anulado". Esto yo lo vi en la tele, y millones de personas también lo vieron. Y ante esa evidencia contundente de fraude, aun hay quien cree que Maduro es un presidente legítimo?. Y pensar que los chinos cobraron millones de dólares, para dejar en ridículo a Maduro con su carnet de la patria.

En las elecciones regionales y municipales de 2017, así como en las presidenciales de 2018, el gobierno, creó un curioso mecanismo de fiscalización del voto. Desde el gobierno, se instó a los electores a votar con el carnet, pero eso sí, el gobierno dijo que quien fuera con el carnet, la persona luego recibiría un regalo, que consistió, en lo que llamó el gobierno, un "bono económico". Según algunos dirigentes de la oposición, ese bono era un ingreso de unos 10 millones de Bolívares a cada persona, como premio de fidelidad al proceso revolucionario.

Así, que para saber quien fue o no con su carnet a votar a favor del gobierno, en lugares cercanos a los centros de votación, se colocaron unos llamados "puntos rojos" de control o supervisión, en donde las personas, con su carnet, primero tenia que pasar por allí antes de ir a votar, escanear el carnet, luego ir a votar al centro de votación, en donde le darían un comprobante de votación, y posteriormente, con ese comprobante, ir al llamado "punto rojo", y presentarlo, como una prueba de que votó por el gobierno. Posteriormente, el gobierno daba el regalo del bono, el cual, no alcanzaba para comprar un litro de leche. Es decir, muchos venezolanos "vendieron su voto" por menos de un litro de leche.

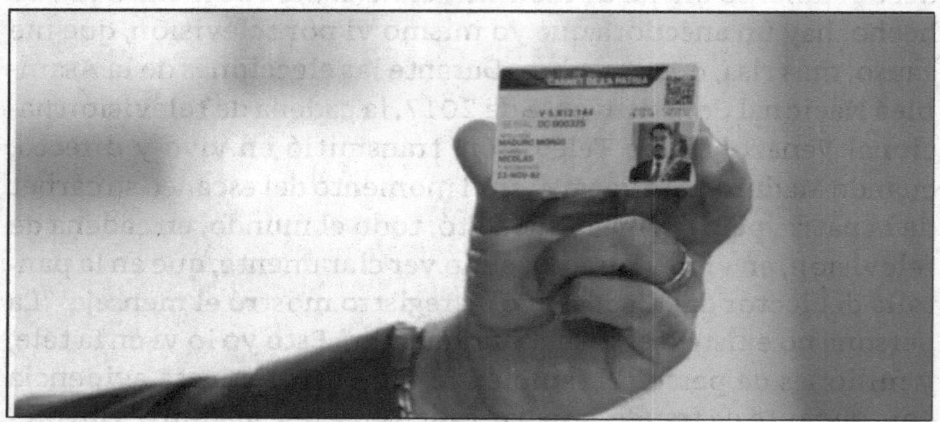

Maduro mostrando su carnet de la patria.

Para septiembre de 2018, se estimó que 10 millones de personas ya tenían el carnet, y claro, si a ello se suma, que a mediados de agosto, Maduro había anunciado, que quien tuviera dicho carnet, el gobierno le depositaría un llamado "bono soberano" de 600,00 Bolívares Soberanos (unos 6 Euros al cambio en ese momento), sin dudas, muchísima más gente se apuntaría, gracias al hambre y miseria, creada por el mismo gobierno.

En resumidas, el chavismo a creado un mecanismo de control y fiscalización para obligar a los portadores del carnet a votar fielmente por el gobierno, y en compensación, recompensa a esas personas con un bono de dinero, que no da para vivir dos días. Y por otro lado, si no demuestras tu fidelidad al régimen, estás condenado a morir de hambre, antes que los demás.

LA REALIDAD DE LAS EMPRESAS EN VENEZUELA

La "revolución" en 20 años, al controlar, o mejor dicho, al destruir la industria alimentaria del país, a llevado a la idea, que lo mejor, es traer del exterior containers de alimentos. Es decir, hoy Venezuela, más del 70% de las cosas que consume, son traídas de fuera, ya que como he indicado anteriormente, el mismo gobierno, ha destruido el aparato productivo del país. Así, que se entenderá, que es lógico, que si una persona va a un supermercado en Caracas, se encontrará que no hay frutas, carnes, o productos básicos para la limpieza personal. Hay miles de personas, que desde hace meses, no usan una pastilla normal de jabón, o crema dental. Ya para el venezolano, es común, normal, el no cepillarse los dientes, o no ducharse y asearse.

Y es que acaso, antes del la llegada del chavismo al poder, en el país no se producían alimentos, o productos de aseo personal?. Pues, no. El país, producía lo necesario para abastecer su consumo interno, y se vendía al exterior. Y cuando vivía en Caracas, habían en los supermercados diversidad de marcas de jabón, cremas dentales, colonias, perfumes, etc., que se producían en el país.

Que ha hecho el chavismo desde su llegada al poder. Pues, muy sencillo. Para dar un ejemplo, en 2017, las empresas de productos Kellogg´s, que llevaban más de 50 años en el país, y había aguantado durante 20 años todas las manipulaciones, en el sentido, de que el mismo gobierno, se encargó de bloquear los suministros de materia prima, al final, se tuvo que marchar del país, al igual, que por ejemplo, General Motors. Y ante éste hecho, qué ha hecho el gobierno de Nicolás Maduro ante éste tipo de situación?. Pues, aplicar su gran medida, que es, expropiar las instalaciones a las empresas que anuncian el cierre. Y así, ha ocurrido con centenares de grandes empresas, que han cerrado tras la política de bloqueo de suministros, para luego, el gobierno anunciar, de que como han cerrado, las han tenido que confiscar. El problema, es que tras confiscar, sigue la escasez de materia prima, igual o peor que nunca. Lo lamentable, es que desde el gobierno se destinan millones de dólares en reflotar algo, y en donde el mismo gobierno, como gestor, coloca a gente incapacitada profesionalmente, como por ejemplo, en PDVSA, y claro, el resultado es que en unos meses, tras malgastarse y robarse el dinero, vuelven a quebrar. Y luego, el gobierno, dice que el culpable son los "saboteadores", cuando, el mismo gobierno, es el mayor saboteador.

Hoy, Venezuela, es un país donde es peligroso ser empresario, porque el gobierno los considera como enemigos de la revolución. Hay una Ley de Costos y Precios que inhabilita a las empresas para tomar decisiones. A ello, se suman otras condiciones, como la existencia de un régimen cambiario de divisas, que no permite acceder a los dólares para comprar fuera los insumos o servicios necesarios. También hay rigidez laboral que impide poder manejar el factor trabajo con libertad. Un claro ejemplo de esa rigidez, es que el gobierno, cuando ve que la inflación sigue descontrolada, por decreto, ordena un incremento salarial, el cual, muchas de las empresas, no puede aguantar, y para rematar, el gobierno decreta que nadie puede ser despedido. En agosto de 2018, Maduro decreto el aumento del salario mínimo 35 veces a su valor anterior acompañado de la inmovilidad laboral. En resumidas, los empresarios venezolanos viven en un ambiente, en donde se conjuga la hiperinflación más alta del mundo, con la escasez de todo, y muchísima inseguridad ciudadana, lo cual, hace que muchas empresas, tomen la decisión más razonable de cerrar sus puertas. Y si cierra, luego llega Maduro, y dice "expropiese!".

Por cierto, les voy a contar un caso. Tras la creación del nuevo Bolívar "soberano" en agosto de 2018, y la implantación de medidas económicas para "reactivar el país", una semana después, la empresa de neumáticos Pirelli en Venezuela, cerró temporalmente sus puertas. La causa... bueno, quizás el hecho que llevan años con problemas de suministro de materia prima, lo cual, le había llevado a que sus fábricas especializadas en la confección de neumáticos para autobuses y de motocicletas, están paralizadas desde hace dos años. O quizás el hecho de que desde el 2015, la planta Pirelli trabaja a menos del 50 % de su capacidad. O quizás el hecho de que cuando producían un millón de neumáticos al año, en 2018 sólo han llegado a producir 80 mil. Y ante el problema, cual ha sido la solución del gobierno... Pues, hacer un jugoso negocio trayendo conteiners llenos de neumáticos chinos, y que más de un chavista, como en el caso de los CLAPS, se han llenado sus bolsillos de dólares.

Maduro con su nuevo aliado el presidente turco Erdogan.

Para dar un ejemplo del nivel de alucinación que uno se puede encontrar, en mayo de 2018, llegó a Venezuela, un barco desde Turquía, con más de 160 containers, de un total de 368, previstos en un acuerdo comercial entre ambos gobiernos. A parte de alimentos y medicinas, destaca neumáticos y baterías para vehículos, lo cual, lo más seguro, y como ha ocurrido en otros casos, después de estar esos containers abandonados en un puerto venezolano durante 3 o 5 años, luego descubrirán, que los neumáticos, y las baterías, no son adaptables para los vehículos que circulan en Venezuela. A, y los medicamentos caducados, les colocarán nuevas etiquetas indicando que no están caducados.

Y ustedes se preguntarán... Y porque les hablo de Turquía... Bueno, es que de los otros países de donde llegaban productos caducados, ya esos países habían decidido no enviar nada más, ya que el gobierno venezolano, tiene deudas multimillonarias.

Les voy a contar una anécdota curiosa. Para la época de las navidades de 2016, y ante la eminente crisis alimentaria en esas fechas, a Maduro se le ocurrió decir, que traería a Venezuela toneladas de perniles (carne de cerdo) para todo el mundo. Así, que se hicieron los tramites con una empresa en Portugal para traer ese cargamento. Llegó, se distribuyó, y se vendió a la gente, con lo cual, el gobierno, hizo su negocio. Al siguiente año, en 2016, para las navidades, Maduro, volvió a ofrecer a los venezolanos sus perniles portugueses. Llego la navidad, y los venezolanos no llegaron a ver los famosos perniles. Tras la aluvión de criticas al presidente por no cumplir su promesa, Maduro salió diciendo que la culpa no era de él, si no, del gobierno portugués, ya que no habían dejado que los perniles salieran de Portugal. Por su parte, el gobierno portugués dio una versión oficial que fue la siguiente:

Venezuela aún debía 40 millones de euros del suministro de carne de cerdo de 2016 a la empresa privada con la cual, el gobierno venezolano firmó el contrato, con lo cual, la empresa había anunciado que si no realizaban el pago de la deuda, ellos no iba a cometer el mismo error. En fin, la versión oficial de Maduro, es que "nos sabotearon las cuentas bancarias, nos persiguieron los dos barcos gigantes que venían y nos sabotearon".

Y para las navidades de 2018, nuevamente, Maduro prometió los perniles. En esta ocasión, para su distribución y venta por parte del gobierno, unos 15 días antes de su entrega, hicieron una especie de censo en la población, a la que se le indicó, que si querían su trozo de pernil, tenían que pagar unos 500 Bolívares Soberanos.

Mi madre, que vive en Caracas, se apunto y pago 15 días antes de la entrega. Luego, a los 15 días, llegaron a su casa, y le indicaron, que no había pernil, y en su lugar, le dieron un pollo congelado (según mi madre parecía una paloma congelada por el tamaño), cuyo valor en el mercado, es muy por debajo del pernil, pero se lo vendieron a precio de pernil. En fin, es mejor reír, para no llorar. Y así, millones de venezolanos, pasaron las peores navidades en su historia.

Y ante ese panorama de que nadie quiere hacer negocios comerciales con Venezuela, un día, Maduro se preguntó, que país con quien no tengo deudas, me podría ayudar a afianzar mi dictadura... y Turquía, surgió como una luz al final del túnel. Eso si, el presidente turco Erdogan había revelado en mayo de 2018 que el intercambio comercial entre Venezuela y Turquía había alcanzado el medio millón de dólares en los primeros meses del 2018, y para rematar, decía que tenía fe en que "ese volumen va a llegar a mil millones de dólares a finales de año". Por cierto, ambos presidentes tienen ciertas similitudes, en cuanto a que ambos persiguen y censuran a los medios de comunicación, y encarcela a gente opositora.

En resumidas, si Maduro tiene miles de millones de deuda con los rusos y chinos, y ya no tiene petroleo para pagar, ¿qué le ha ofrecido a los turcos?. En fin, no quiero ni imaginar.

EL NUEVO GRAN NEGOCIO CON RUSIA Y CHINA

En Julio de 2006, tras el anunciado embargo de armas de EE.UU. en 2005, Chávez firma en una visita oficial en Moscú, un acuerdo de armas con Rusia por tres mil millones de dólares, incluyendo un acuerdo para la adquisición de aviones caza Sukhoi, y helicópteros, en lo que significó, un alejamiento de los suministros de armas de EE.UU.. A parte, también se adquirió unos 100 mil rifles de asalto Kalashnikov. La cuestión, es que hay algunos detalles del "gran negocio", que aun, hoy, presentan serias dudas.

Chávez y Putin.

Tras la caída de la Unión Soviética, Rusia, se encontró, que en sus almacenes, tenían gran cantidad de armamento, y equipos, obsoletos, que se estaban literalmente, pudriendo. Así, que un día, el señor Vladimir Putin, se enteró que existía un país lleno de petroleo, con un líder político "revolucionario" y gran enemigo de los EE.UU.. Y el señor Putin dijo... ese es mi cliente! Así que se puso en marcha el mecanismo diplomático con la finalidad de llegar a acuerdos comerciales, y como resultado, Rusia se comprometió con entregar unos 24 cazas, y algunas cosas más. Y todo a cambio deeeee... millones de barriles de petróleo venezolano. A ver si me explico: Para el momento de la firma, Venezuela ofreció 3 mil millones de dólares, dinero, que Venezuela, no tiene físicamente. Así, que Chávez hipoteca a los Rusos parte de las reservas de petróleo, como garantía del pago. Y a partir de allí, los futuros negocios con Rusia y China, se hacen con el pago de petroleo aun no explotado.

Para que tengan una idea del buen negocio, en 2017, Venezuela firmó con Rusia un acuerdo de reestructuración de la deuda, en donde Venezuela pagaría a Rusia un total de 3.150 millones de dólares a lo largo de un período de 10 años.

Según el Instituto de Finanzas Internacionales, en 2017 Venezuela tenía una deuda pública externa de unos 150 mil millones de dólares, incluyendo 45 mil millones de dólares en pasivos gubernamentales, y otros 45 mil millones de dólares en deuda de PDVSA.

En cuanto a China, desde hace unos 10 años, Venezuela firmó diversos convenios, ejecutándose más de 780 proyectos con una inversión superior a los 50 mil millones de dólares. China ha concedido créditos a Venezuela por valor de 62 mil millones de dólares en esos 10 años. De ese dinero, Caracas debe devolver aún unos 20 mil millones con suministros de petróleo. Otro detalle, es que como Venezuela en los últimos tres años no ha podido pagar la deuda con ese país, China acordó sólo cobrar los intereses. Parte de esos intereses, fueron cobrados en 2017 con 700 mil barriles de petroleo al día. Insisto... esos 700 mil barriles diarios durante un año, es sólo el pago de los intereses de la deuda con China.

Y mientras tanto, a pesar de los miles de millones de dólares prestados al país, la población pasa hambre, no hay suministros en los hospitales, no hay medicamentos, la infraestructura eléctrica está podrida con miles de apagones... A ver si alguien me entiende... Y todo ese dinero, ha donde ha ido a parar?.

Y para rematar, en 2018, Maduro se dedicó a seguir haciendo negocios con los Rusos y Chinos para pedir más dinero prestado. El problema, es que por más que Venezuela tenga las reservas de petroleo más grande del mundo, ya los rusos y los chinos han empezado a dudar que el negocio sea rentable, y más, cuando hay un riesgo, de que Maduro un día caiga, y en su lugar, llegue un sucesor que no reconozca las deudas con esos países.

Maduro durante su visita en Pekin, con el el presidente de la Corporación Nacional de Petróleo de China, Wang Yilin.

A mediados de septiembre de 2018, Maduro fue a Pekín a pedir más dinero. Si... un presidente que en su gobierno se ha mal gastado y despilfarrado miles de millones de dólares, fue de viaje de negocios a buscar un préstamo nuevo de 5 mil millones de dólares. A, eso sí, con el mismo discurso de siempre, alegando que Venezuela tiene bastante petroleo para pagar la nueva deuda. A... y hay quienes afirman, que el gobierno venezolano, ha ofrecido sus reservas sin explotar de gas natural, y de oro, como garantía adicional. Es decir, al paso que va Maduro, de aquí a 5 años, China y Rusia, serán propietarios de todas las reservas de petroleo, gas y oro del país, mientras el hambre ha matado a más de la mitad del país.

Diversas ONGs han denunciado desde hace años, como se está desforestando la selva venezolana, gracias a la invasión de buscadores de oro, quienes contaminan los ríos con mercurio. Es decir, hoy en día, hay un gigantesco descontrol sobre la explotación minera, y para rematar, al Maduro se le ocurre decir en su viaje a China que "hay compromisos de financiamiento para el crecimiento de la producción petrolera, el crecimiento de la producción de oro e inversión en más de 500 proyectos de desarrollo dentro de Venezuela". Producción de oro?. Si amigas y amigos... Ya tenemos a los mineros chinos buscando oro en la selva del amazonas, y todo lo que consigan, se lo llevarán a China, como parte del pago de los intereses de la deuda creada por la revolución bolivariana. Siiii... los intereses de la deuda! A... no hay que olvidar, que la infraestructura minera del país, está en peores condiciones que la industria petrolera. En resumidas, lo que tendrá el país es un mayor crecimiento de la deforestación incontrolada en su selva amazónica, con mayor contaminación de mercurio y otras sustancias tóxicas en la tierra, aíre y ríos, y todo a cambio, de que Maduro, consiguió otros miles de millones de dólares, para ser despilfarrados en chanchullos, como por ejemplo, la compra de millones de toneladas de alimentos caducados en el exterior.

Como curiosidad, les voy a contar uno de los tantos negocios que se hicieron entre Venezuela y China. A finales de 2015, Maduro inauguró con solemnidad en Venezuela, una planta china para producir autobuses. La idea, era producir cada año unos 3600 autobuses, con una inversión de 275 millones de dólares, dolares, que han salido de un préstamo a China. Según sectores de la oposición, el precio real de esa proyecto, fue de más de 900 millones de dólares. Y al final que ha sido de esa fabrica? En 2016, de esa gran cifra de 3600 autobuses previstos, según cifras del mismo gobierno, sólo se llegaron a producir 600. Y en el 2018 a cuanto fue la cifra de producción?... Al increíble numero de 0. A esto, se suma otro pequeño detalle. Desde la llegada del chavismo al poder, Venezuela hasta el año 2017, compró unos 7 mil autobuses nuevecitos fabricados en China. Para ello, se gasto unos 1200 millones de dolares. Según sectores de la oposición, el precio real de cada autobús es de unos 80 mil dólares, mientras que el gobierno había pagado por cada uno 179 mil dólares, con lo cual, hay un sobre coste de casi 100 mil dolares por autobús. Y donde fue a parar ese dinero?... Más que la duda de donde fue a parar el dinero, la cuestión es saber que ha pasado con esos 7 mil autobuses.

Parte de un cementerio de autobuses chinos en Venezuela.

Según han denunciado diversos alcaldes en donde habían sido destinados esos autobuses, la inmensa mayoría, descansan en cementerios de autobuses chatarras abandonados, ya que el gobierno, como buen negociador, había adquirido un tipo de transporte no apto para las carreteras venezolanas, llenas de huecos, con lo cual, esos autobuses se estropeaban con facilidad, y al no haber repuestos, iban directamente al cementerio de vehículos dañados.

Una de las populares "perreras" circulando por Caracas en 2018.

Por cierto, desde comienzos de 2018, en Caracas, como ya no hay transporte publico, porque la flota se ha ido deteriorando como los autobuses chinos gracias a la falta de repuestos, ha surgido un nuevo tipo de transporte, al cual, llaman popularmente "perreras". Si... literalmente, son unas jaulas con 4 ruedas, en donde la gente viaja de pie, encerrada como animales apiñados unos encimas de otros. Son vehículos grandes como camiones, a los que han colocado rejas como jaulas. Así, hoy viajan los venezolanos: En jaulas de 4 ruedas. Hay quienes comparan esa situación del transporte público con Cuba. La cuestión es que por lo menos, en Cuba, hoy usan autobuses se segunda mano procedentes de España, en donde en ese país no circulan por normas de seguridad. Es decir, en Cuba usan vehículos retirados de circulación en España por obsoletos, con los cuales, algún empresario, saca su dinerillo llevándolos a la isla.

Dejo un poco los negocios chinos, y les voy a contar algo de los negocios rusos.

En relación a la compra de los primeros cazas rusos, hay la anécdota, de que los pilotos venezolanos, expertos toda su vida, en pilotar aviones de caza F16 americanos, se llevaron las manos a la cabeza cuando les dieron la noticia de que iban a pilotar aviones rusos. De hecho, esos pilotos fueron enviados a Rusia a recibir entrenamiento, y tras su retorno a Venezuela, diríamos, que no habían superado con creces el entrenamiento. Pero las dudas sobre la formación de dichos pilotos, quedó en el aíre, cuando el 17 de septiembre de 2015, uno de éstos aviones rusos, cayó a tierra, muriendo sus dos ocupantes. La versión oficial original del gobierno de la causa del accidente, fue el estado del tiempo. Aunque, posteriormente, hubo algún alto funcionario del gobierno, que había llegado a afirmar, que el avión, fue atacado y derribado.

A mediados de 2018, la ONG venezolana Control Ciudadano para la seguridad y defensa nacional, presentó un informe sobre los accidentes aéreos ocurridos en las Fuerzas Armadas Nacionales Bolivarianas durante los 18 años del chavismo. A pesar de la opacidad del Estado venezolano, que se ha dedicado a ocultar, o maquillar las catástrofes para no resarcir a las víctimas, la ONG reveló que desde el años 2000, se registraron 72 accidentes aéreos, con más de 160 personas fallecidas.

En el informe, se habla de 24 siniestros, con el saldo de 89 muertes. Estas estadísticas corresponden en su mayoría a helicópteros de fabricación rusa Mi-17V-5, pertenecientes al componente del Ejército. El segundo lugar lo ocupan los aviones de transporte con 23 accidentes, los aviones de combate con 15, y por último, los aviones de entrenamiento, con 10 siniestros.

La ONG explicó en su informe, que las catástrofes "son producto de la falta de mantenimiento, desperfectos, fallas en la doctrina de entrenamiento por parte de algunos componentes, e incluso por indisciplina de vuelo".

Por otro lado, la ONG destacó, que habían disminuido los accidentes, ya que el gobierno no se había preocupado, por dar el mantenimiento adecuado a sus equipos militares, con lo cual, una consecuencia directa fue la disminución de el número de misiones, y por otro lado, ante el inminente peligro, los pilotos buscaban algún tipo de escusa para no volar, por ejemplo, una baja médica. Es decir, si hoy, un piloto le obligan a montarse en un avión, o helicóptero, lo más seguro, es que se negaría a ello, al entender que pondría en riesgo su vida, y la de muchos más.

Los pilotos militares venezolanos, conocen muy bien algunos casos, como el ocurrido el 3 de mayo de 2009, cuando un helicóptero ruso modelo MI-17 cae en la región venezolana del Táchira, y deja un saldo de 18 militares y un civil muertos. O el caso de otro MI-17V-5, que se precipitó a tierra el 18 de mayo de 2012 en el Campo Aéreo del Ejército Coronel José Joaquín Veroes, con el saldo trágico de 4 fallecidos y un herido.

Pero como afirma la ONG, posiblemente, hay muchos más casos, que han sido tapados por el gobierno, o han sido minimizadas sus consecuencias.

La cuestión, es que dentro de la oposición, hay quien afirma, que el armamento adquirido tanto de Rusia, como de China, es chatarra, o material, que no supera los controles de calidad.

También China ha vendido "chatarra" al ejercito venezolano. Para dar un ejemplo, entre los años 2010 y 2013, se han estrellado en el país, tres aviones "nuevecitos" K-8W de fabricación china, adquiridos en 2010. En éste caso de los tres aviones chinos, los pilotos pudieron salir ilesos al auto eyectarse.

EL MODELO ECONÓMICO
CHAVISTA

A marzo de 2018, Maduro, había anunciado, que se implementaría un nuevo cono monetario, en donde le quitarían tres ceros, y cambiarían el nombre de la moneda a Bolívar Soberano. Luego, en agosto de 2018, Maduro anuncia que ya no son tres ceros, si no cinco ceros que le van a quitar. Y para rematar, Maduro crea una supuesta moneda virtual llamada Petro, la cual, antes de nacer, ya algunos economistas anunciaban su total fraude y fracaso.

Por cierto, es tan desesperada la situación por sacar dinero a los más tontos, que a finales de agosto de 2018, Maduro ordenó a la banca adoptar como "unidad de cuenta" dicha criptomoneda. Y para rematar, dos meses después, anuncia que en noviembre, la dichosa moneda invisible saldrá a la venta y que cualquier persona la podría comprar. También había anunciado que las pocas aerolíneas internacionales que llegan a Venezuela, deberán pagar el combustible que requieran con petros. Y así, su intención, es que todo el mundo, en vez de usar dólares o euros, usen su moneda invisible.

Lo del petro, me recuerda mi corta visita en Cuba, allá por 1999. Durante mi estancia en el aeropuerto de La Habana, me vi obligado a comprar algo de comida en una cafetería, en donde soló admitían dolares. Tras hacer el pago, como me tenían que devolver dinero, me dieron unas monedas, que sólo valen para uso de los turistas dentro de Cuba, y que según el gobierno cubano, equivalen exactamente igual al valor con el dólar. El problema, es que si salgo de Cuba con esas monedas, no son reconocidas en el resto del mundo. Con el petro, Maduro quiere conseguir algo parecido. A ver si me explico. Si una compañía aérea necesita combustible, para pagar en petros, el gobierno le obliga primero a comprar esa "moneda invisible", eso si, a un cambio oficial que sólo pone el mismo gobierno, y muy lejos de la realidad del mercado, si es que hay mercado para valorar una moneda virtual inexistente. Y qué creen que tipo de moneda va a aceptar el gobierno para vender esos petros a las compañías aéreas? Pues los benditos dólares o euros.

Maduro anunciando la creación oficial del Petro.

Así, que Maduro, en su afán de superarse en inventar cosas inútiles para engañar a la gente, con el dichoso petro, va en camino de superar todos los récords. A comienzos de octubre de 2018 señaló que "está legalizado el uso del petro como unidad de cuenta, como moneda venezolana", y que las autoridades locales permitirán la venta de inmuebles, el pago de los hoteles, la compra de boletos aéreos internacionales y el cobro de los impuestos de salida y otros servicios aeroportuarios, en la "criptomoneda", la cual, el gobierno, había puesto supuestamente a comercializarla a través de seis casas de cambio internacionales en el país.

Ahora bien, lo de la idea del petro, su origen, creo, que es algo polémico, si tomamos los antecedentes. A ver, ya el 31 de enero de 2018, el gobierno de Maduro manifestó que era totalmente legal minar criptomonedas en Venezuela. Así, que para ello, se creó un nuevo cargo burocrático denominado superintendente de criptoactivos y actividades conexas, popularmente conocido como Superintendente de Criptomonedas. El Superintendente se llama Carlos Vargas, y en unas declaraciones en aquel momento, el funcionario había afirmado, que la minería de la moneda virtual es "totalmente legal" en el territorio venezolano, confirmando que las personas que minaban Bitcoin y otras criptomonedas no estarían incurriendo en ningún acto en contra de la ley. Con ésto, en alguna medida, se quería dar a entender, que el gobierno de Maduro, tendría las manos libres para crear su petro, que para en ese momento, se decía que está diseñado con el respaldo de las reservas de minerales, y principalmente del petróleo, con un token equivalente a 1 barril del crudo. Así, que a grandes planes, el gobierno anunciaba una oferta inicial de 100 millones de Petros, lo que supuestamente tendría un valor en el mercado de aproximadamente 6 mil millones de dólares.

El 23 de febrero de 2018, el gobierno empezó a entregar los "certificados de minería digital", a las pocas horas del supuesto inicio de la pre-venta del Petro. Posteriormente, el 9 de abril de 2018, gracias a un Decreto la Asamblea Nacional Constituyente chavista, se legalizó toda existencia y creación de todo criptoactivo, incluyendo el Petro.

Y cómo ha sido la evolución del dichoso petro? En el mes de agosto, Maduro afirmaba que con las ventas de petros, ya se habían recaudado 3.300 millones de dólares, y que la moneda se estaba utilizando para pagar las importaciones. Pero Hugbel Roa, un ministro del gabinete involucrado en el proyecto, había manifestado a una agencia de noticias, que la tecnología detrás de la moneda todavía está en desarrollo, y que "nadie ha podido hacer uso del petro (...) ni se ha recibido el recurso". Entonces, cómo Maduro ha podido vender 3.300 millones de dólares?.

Para rematar, en esas fechas, Maduro anunció que los sueldos, las pensiones y el tipo de cambio del Bolívar Soberano, se vincularían al petro. La cuestión, es que para muchos economistas y expertos en la materia, coinciden que "no hay forma de vincular precios o tipos de cambio a un 'token' que no se comercializa, precisamente porque no hay forma de saber a cuánto se vende realmente".

Como había indicado anteriormente, el gobierno había fijado el valor del petro al precio de un barril de petróleo venezolano, el cual, estaba respaldado con las reservas de crudo ubicadas en un área de 380 kilómetros cuadrados en la zona de Atapirire, y que según el gobierno, contiene 5.300 millones de barriles de crudo bajo tierra.

Para el exministro de Petróleo chavista, Rafael Ramírez (hoy exiliado), estima que se necesitarían 20 mil millones de dólares en inversiones para explotar Atapirire, dinero que PDVSA no tiene. Para el exministro, al petro "Se fija un valor arbitrario, que solo existe en la imaginación del gobierno".

En fin, con ello, se demuestra en alguna medida, el carácter estafador del petro, y más, cuando el régimen de Maduro, cae en contradicciones sobre las supuestas ventas de la "moneda invisible". Lo curioso, es que como no se vende, con decretos arbitrarios, el gobierno quiere imponer el uso obligatorio, de algo, que no existe. En fin, son cosas que sólo ocurren en Venezuela.

La creación del nuevo Bolívar Soberano, y del Petro, es como consecuencia de las nefastas políticas económicas del mismo gobierno, las cuales, han llevado a una super hiperinflación en Venezuela. Para dar una idea de la gravedad, ya el Fondo Monetario Internacional (FMI), había anunciado en agosto de 2018, que la inflación en ese país, para ese año, llegaría a 1.000.000 %. Y tras la entrada en circulación del llamado Bolívar Soberano, ya salieron nuevas predicciones del FMI, de que la inflación del 2019, sería de 10 millones %. En resumidas, como dirían en mi tierra Venezuela, el remedio ha sido peor que la enfermedad.

Ya en 2007, Hugo Chávez, ante el mismo problema inflacionario, había decidido quitarle tres ceros a la moneda, y cambiarle el nombre de Bolívar, a Bolívar Fuerte (BsF). En 2018, el señor Maduro, cree, que con quitarle otros cinco ceros, el problema desaparecerá. Pero a diferencia del 2007, la Venezuela de 2018, está en un auténtico caos económico y humanitario, en donde millones de venezolanos, pasan penurias, a la hora de conseguir alimentos, o los servicios más básicos.

Para mediados de 2018, un trabajador, cobraba al mes como salario mínimo unos 5 millones de BsF (unos 2,00 Euros al cambio). Sólo un kilo de arroz, costaba en ese momento unos 5 millones de BsF. Así que, con lo que se cobraba en un mes, el venezolano tenía que ver como se las ingenia, para poder sobrevivir.

Otra de las penurias que viven los venezolanos, es el poder conseguir los alimentos.

Desde el 2016, los venezolanos han cambiado su rutina diaria. Las personas madrugan para salir a las 6 de la mañana, para hacer una larga cola en un mercado, sin saber, si al abrir dicho comercio a las 8, hay algún tipo de alimentos para la venta. Es más, esas personas pasan 6 horas en la cola, y corren el riesgo, de que al llegar su turno, ya no hay alimentos. Y si de carambola, alguien tiene la suerte de conseguir algo, se encontrará, que en la mañana a las 8, una persona consigue un kilo de arroz a un precio, y a la 1 de la tarde del mismo día, ya se ha incrementado el precio en un 3%.

A la hora de pagar la compra, es otro lío. Si se paga en efectivo, bueno, había que tener una, o dos bolsas llenas de BsF. Por otro lado, en las oficinas bancarias, no hay billetes de circulación. Las personas, sólo podían retirar por día unos 2 millones de BsF, con lo cual, para poder comprar un kilo de arroz, una persona tenía que ir al banco durante tres días, para poder conseguir el suficiente dinero para poder hacer la compra del producto. A, y lo más llamativo, es que el banco entrega a los usuario billetes viejos de baja denominación de 100 o 500 BsF., con lo cual, la persona sale del banco con una bolsa llena de paquetes de papel moneda sin valor.

La otra opción del venezolano para hacer una compra, es con las tarjetas bancarias. El problema es que los comerciantes, cobran una jugosa comisión que llega a un 25%.

A mediados de 2018, toda esta montaña de dinero, equivalía al cambio de un billete de un dólar en el mercado negro.

Así, que el venezolano de a pie, se encuentra en una situación espantosa a la hora de hacer cualquier compra. Primero: madrugar y hacer largas colas; segundo: tener la suerte de conseguir algo que comprar; tercero: tener la suerte de tener sacos de billetes para no pagar con tarjeta y que le cobren adicionalmente un 25%; y quinto, y los más importante, el poder llegar vivo a su casa, o que no le asalten y le roben la poca comida que ha podido comprar. Y lo trágico de todo ello, es que ésta situación, la del venezolano de a pie, el señor Maduro, la conoce perfectamente, ya que es el mismo gobierno, quien controla todo ese mecanismo, y Maduro cree, que con quitarle cinco ceros a la moneda, y crear un nuevo "Bolívar soberano", los problemas desaparecerán.

La cuestión, es que con todo ello, lo que ha ocurrido, es que esos problemas, han seguido empeorando, y en menos de un año, seguro que Maduro dirá que habrá que quitarle 6, o 10 ceros a la moneda, y crear una nueva moneda que posiblemente llamaría super Bolívar, o super petro.

CON LOS MILITARES HAY
MADURO PARA RATO

En 2018 Maduro resultó reelecto para el período 2019-2025, en las elecciones presidenciales. Es de resaltar, que no sólo la oposición venezolana lanzó el grito al cielo al condenar a la dictadura chavista. También se sumaron a la condena aproximadamente 51 países, destacando organismos como la OEA, la UE, el Grupo de Lima y el Grupo de los 7 (G7). Todos estos países, y organismos internacionales, habían manifestado que desconocen la reelección de Maduro, afirmando todos ellos, que dichos comicios fueron ilegales, y que carecían de garantías mínimas, y no cumplían con los estándares internacionales de procesos electorales.

El 5 de junio de 2018, la OEA, con 19 votos a favor, 4 en contra y 11 abstenciones, aprobó una resolución donde declara ilegítima la reelección de Maduro e inicia el procedimiento para suspender a Venezuela del organismo. Y para rematar, el presidente de Argentina, Mauricio Macri, había anunciado que denunciaría al gobierno de Maduro ante la Corte Penal Internacional (CPI) en La Haya por hechos de violación a los derechos humanos.

Y a todo ello, que ha dicho Maduro?. Pues, le da igual. Él, sigue en su trono, y lamentablemente, Venezuela, va superando a Cuba, en cuanto a falta de libertades, y sufrimiento de su población.

Hay un hecho real, que muchos a veces no ven. Maduro, aguanta en el poder, gracias a que el régimen ha copiado de Cuba, su modelo dictatorial. Y ello, consiste en lo siguiente:

Tras la llegada de Chávez al poder, lo primero que hizo, fue una depuración de los mandos militares. Es decir, forzó la salida de aquellos altos cargos que no le jurasen lealtad, para luego, ser sustituidos, por otros, que le juraran lealtad. Luego, militarizó, o mejor dicho, llenó de militares, los altos cargos de empresas estratégicas, como es el caso de PDVSA.

En el 2002, ya Chávez, tenia en su gabinete a cuatro militares. A ello se suma que PDVSA, y el conglomerado industrial de la Corporación Venezolana de Guayana, también están dirigidas por hombres de armas. Al menos medio centenar de soldados en ese año 2002, ocupaban rangos medios en el gobierno, el servicio diplomático, y las empresas del Estado.

Para finales de 2017, de los 29 ministros del gabinete, 10 son militares o ex militares, y la cantidad de militares en empresas ocupando cargos, se desconoce la cifra exacta, pero lo más seguro, es que es muy superior a las cifras del año 2002.

Pese a que las fuerzas armadas deben ser apolíticas, según la Constitución de 1999, el ministro de Defensa de Maduro, Vladimir Padrino, cierra así sus comunicados oficiales: "Chávez vive, la patria sigue. Independencia y patria socialista". Vamos, que ni en la Cuba tan comunista, creo, que el ministro de defensa de ese país cierre sus comunicados con una frase similar.

El actual sostén del gobierno de Maduro sin duda han sido los militares, convertidos no solo en actores políticos, sino también en empresarios, que controlan los sectores más importantes de la economía. Bajo el mandato del presidente Chávez, los militares habían desempeñado actividades en el sector económico, como por ejemplo el Plan Bolívar 2000 para la distribución de alimentos, e inclusive la presidencia de PDVSA. No obstante, con Maduro, el papel de los militares pasó a ser predominante, ya que se les otorgó a personal activo y retirado, el control del sector eléctrico, el metro de Caracas, las empresas de aluminio, hierro y acero en el sur del país, así como los puertos y las aduanas.

A partir de 2013, se conformaron cuatro empresas militares: el Banco de la Fuerza Armada Nacional Bolivariana (BANFANB), un canal de televisión (TVFANB), una empresa para el transporte de carga por aire, mar y tierra llamada EMILTRA, y la empresa agrícola AGROFANB. Y en 2016, ante la creciente crisis económica, el proceso de control del sector castrense se expandió a áreas estratégicas, como la alimentación y los recursos extractivos.

Alto mando militar en 2019, encabezado por Vladimir Padrino, en una de sus tantas declaraciones oficiales, anunciando su apoyo total a Maduro.

Frente a los graves problemas de escasez de alimentos y medicinas, así como de otros servicios básicos de salud y educación, el régimen decidió establecer en agosto de 2016 la Gran Misión Abastecimiento Soberano y Seguro, bajo el mando del ministro para la Defensa, un militar activo. En este marco, se designaron 18 generales que se encargarían de la compra/importación y distribución de los rubros de alimentos y medicinas considerados prioritarios. Cabe notar que ya desde 2004, de los 11 ministros de Alimentación, 10 habían sido militares. Sin embargo, pese al control militar, la situación de desabastecimiento de alimentos y medicinas se profundizó continuamente. No hay acceso a datos oficiales, pero a inicios de 2018 los expertos calculaban que el desabastecimiento de alimentos estaba en alrededor de 80%.

A pesar de que no mostró capacidad alguna para afrontar estos problemas básicos, el gobierno de Maduro le otorgó al sector militar mayor presencia en las áreas estratégicas del país. El 10 de febrero de 2016 se estableció la Compañía Anónima Militar de

Industrias Minera, Petrolífera y de Gas (CAMIMPEG), la cual firmó varios memorandos de entendimiento con PDVSA. También se le otorgó un papel importante en el Arco Minero del Orinoco, que según el gobierno, busca superar el "rentismo petrolero" y diversificar su actividad hacia la minería, entre otros, de oro, diamantes y coltán.

El 26 de noviembre de 2017, el poder militar sobre la economía venezolana se consolidó con el nombramiento de un general de la GNB, sin ninguna experiencia en el área, como presidente de la estatal PDVSA y, simultáneamente, como ministro de Energía. De esta forma, la élite militar pasó a dominar el sector más importante de la economía, que aporta más de 95% de los ingresos del presupuesto nacional.

Al menos 785 oficiales activos y retirados, han dirigido empresas que contaron con contrataciones con el gobierno en áreas de construcción, importación de medicina y alimentos, así como insumos para el sector salud, entre otros. Quizás, es por ello que se entendería, el porque los militares, o mejor dicho, el alto mando militar, está a muerte con Maduro.

A, una cosa que copió de forma calqueada Chávez y Maduro, del régimen cubano, es el incentivar a que muchos de esos altos cargos militares, puestos en esos cargos a dedo por el supremo comandante, hicieran en nombre del gobierno, grandes negocios con dólares, con lo cual, sin dudas, la corrupción, ha sido un factor, que ha ayudado a sostener el chavismo en Venezuela. Es decir, hoy Maduro se mantiene en el poder gracias a esa corrupción, ya que si un día Maduro cae, lo más factible, es que esos militares también caerían con él.

Así, que para aquellos que aun tienen la idea, o ilusión, de que los militares algún día puedan sacar a Maduro, bueno, olvídense de la idea. Tal como veo el panorama, ¡hay Maduro para rato!

EL NEGOCIO DE LA EXPROPIACIÓN Y EL PLAN CONEJO

Hace unos años, un amigo de origen español en Madrid, me había preguntado, donde podría comprar café venezolano. Y yo le respondí, que si en la misma Venezuela, hoy no hay café, muy difícil sería conseguirlo en Madrid. Y cómo es posible, que unos de los mejores productores de café del mundo, hoy, su población, como mucho, consume café brasileño o nicaragüense? La repuesta es muy sencilla: En 20 años de revolución chavista, el gobierno acabó con la producción agrícola.

Insisto... el gobierno asumió el papel de arruinar a los grandes, medianos, y pequeños productores, negándoles todo tipo de ayudas económicas para suministros, o materias primas, para luego, tras dejar esas empresas en la ruina, confiscar tierras y empresas. Y gracias a ello, el país dejó de producir. Así, que para poder satisfacer la demanda interna de consumo de café, o de otros productos, el gobierno hace su negocio trayendo sus containers de Brasil o Nicaragua. Eso si, pagando siempre con sobreprecios, para repartirse más dolares entre sus amiguetes "empresarios" chavistas.

En 2009, Chávez expropió las dos principales productoras de café del país, Fama de América y Café Madrid, las cuales antes de su confiscación, procesaban el 62% del café que se producía en Venezuela. Desde entonces, el congelamiento del precio del café, y la escasez de fertilizantes, insecticidas y semillas, han ayudado a causar la ruina de los caficultores, quienes además, deben vender la cosecha al mismo costo de su producción, lo cual, no les generaba ganancias para invertir en su industria, sin mencionar las consecuencias sobre los incentivos. Y cuál ha sido el resultado de la política chavista?: La industria cafetera ha caído en un 94%, en comparación con 1998, cuando Venezuela logró, no solo satisfacer la demanda interna de café, sino también exportar 600.000 quintales cada año.

Al agudizarse la escasez de alimentos de origen agrícola, ya en 2010, Chávez empezó a hacer una campaña para que la gente de las grandes ciudades, cultivasen en sus casas. Recuerdo que a principios de 2011, al "comandante" se le ocurrió decir que él tiene en el palacio presidencial un pequeño huerto donde cultivaba productos. La cuestión, es que la idea de la agricultura urbana, se lo copió de Cuba, un país, que lleva 50 años acostumbrado a esa vida bajo el comunismo, y donde lo que se produce, gran parte, es para el mismo gobierno.

Venezuela hoy cuenta con unos 30 millones de hectáreas cultivables, y para el año 2012, ya el gobierno había expropiado cuatro millones de hectáreas, con la escusa, de dinamizar el sector. La cuestión, es que con la mal llamada "revolución bolivariana", lo que lo que se ha conseguido, es que los agricultores dejasen de producir. Y frente a la escasez y incapacidad del gobierno para generar cultivos, a Chávez se le ocurrió copiar el modelo cubano agrícola. Es decir, les quita las tierras a los productores, para tenerlas improductivas, y ante la escasez de alimentos, el "comandante" luego le decía a la gente, que para que no pasen hambre, que cultivasen en su propia casa.

A, y no hay que olvidar, que en el 2010, Chávez, propuso algo llamado "gallineros verticales". Es decir, criar gallinas dentro de tu casa. La cuestión, es que el criar gallinas, implica unos riesgos para la salud, ya que al tratarse de animales, pueden generar enfermedades que pueden contagiar a los humanos. En resumidas, quien quiera tener uno de esos gallineros en su casa, lo mínimo para hacerlo funcionar, tendría que tener controles regulares inspección sanitaria con un veterinario que controle la salud de los animales, y además se necesitan vacunas, vitaminas, minerales propios del animal, y una adecuada alimentación para las gallinas. Y al día de hoy, cuántos gallineros verticales hay en Venezuela?. Lo único que se, es que tanto Chávez, como posteriormente Maduro, destinaron dinero para crear esos gallineros. Y como siempre, el resultado, es que no hay gallineros, y el dinero se lo han llevado algunos amigos de la revolución.

Uno de esos gallineros verticales construido sobre un macetero de cemento en el centro de Caracas.

A... y ante la falta de carne, bueno... los chavistas tienen unas ideas, vamos, que si no es para llorar, te ríes un montón. En 2017, a Maduro, en plena cadena de radio y televisión, se le ocurrió decir, que como hay problemas de suministro de carne en el país, hay gente que en su casa, tienen como mascota conejos, y que esos conejos, pueden ser consumidos. Así, que recomendaba a la gente que coman sus mascotas, o mejor dicho, sus conejos. En fin, tal como van las cosas, lo más seguro, es que cuando la cosa éste más fea, Maduro dirá que en China, la gente consume carne de perro, y que en Venezuela, hay mucha gente que tienen perros de mascota.

Lo cierto, es que para esas tonterías, Maduro había creado un ministerio de agricultura urbana, y con ello, así justificar el nuevo gasto de millones de dólares en esos nuevos proyectos totalmente inviables. En fin, como he indicado, una forma más de robar y engañar al ciudadano.

Fernando Gómez M.

Tras la idea de Maduro de que coman sus mascotas, al ministro de Agricultura Urbana, Freddy Bernal, se le ocurrió lanzar el "plan conejo". Es decir, una copia del plan gallineros verticales, pero simplemente cambian el personaje, y eso si, gastando más dinero que se pierde, sin resultados claros. Y qué ha dicho el ministro para justificar el plan conejo?. Bueno, como se trata de una especie animal con alta fertilidad, la idea sería repartir parejas de los animalitos a distintas comunidades, con la esperanza de que estos comiencen a reproducirse, bueno, "precisamente como conejos". Según el ministro "una coneja pare aproximadamente diez o doce conejitos, al final se crían ocho. En dos meses y medio tenemos un conejo de dos kilos y medio". Según los cálculos del ministro, cada coneja podría estar produciendo alrededor de 80 conejitos al año, los cuales a su vez, pronto tendrían un efecto multiplicador en el país.

A... el ministro sólo ve un pequeño problema en el plan: "Hay un problema cultural, que nos han enseñado que el conejo es una mascota bien bonita. Y sin duda alguna que el conejo es un animal bonito, es verdad, pero el conejo" podría ser una solución.

Según el ministro "Tenemos que tener una campaña de radio, prensa, televisión, caricaturas, por todas partes para que el pueblo entienda que el conejo no es una mascota, sino que son dos kilos y medio de carne, con alta proteína y sin colesterol, puesta en la mesa del venezolano".

En resumidas, y a todo esto de los gallineros verticales, y el plan conejo, que ha dicho el ministro de sanidad?. Pues, nada. Ahora bien, ustedes se imaginan el gran problema sanitario que generaría en las ciudades criar gallinas y conejos en condiciones insalubres?.

Al día de hoy, no he visto cifras oficiales de los resultados del plan gallineros verticales, o el de los conejos. Se desconoce cuanto millones de dolares se gastaron, y cuantas gallinas, huevos, o conejos, se produjeron.

Caricatura publicada en el diario El Nacional de Venezuela, vislumbrando los posibles futuros planes alimenticios del Gobierno de Maduro.

La cruel realidad del país, ante el auténtico desastre de destrucción desarrollado por el chavismo en los diversos medios productivos, está llevando al país, a una auténtica tragedia humanitaria. Y no es porque no llueva, hay sequías, o no hay tierras para cultivar y producir ganado. Insisto... el problema es el chavismo.

Lo cierto, es que desde hace años, el venezolano está soportando, lo que algunos llaman "la dieta Maduro". Y usted se preguntará qué es eso?. Pues, para que tengan una idea de lo que es, les voy a dar un dato: Según la Encuesta de Condiciones de Vida (Encovi), "el 74% de los venezolanos ha perdido un promedio de 8.7 kilos de peso (casi 20 libras) durante el año 2017, al tiempo que el 32.5% de los venezolanos, incluidos niños y ancianos, comen dos o menos veces al día". Eso es la "dieta Maduro".

En resumidas... el régimen chavista, tras arruinar y expropiar, tiene tierras, cadenas de supermercados, fija los precios, y luego, ante la escasez de alimentos, producida por las políticas del mimo régimen, te manda a sembrar en tu terraza, criar gallinas, o conejos.

Con Chávez, el barril de petroleo estaba a 100 dólares, y importaba café de Brasil, Caraotas de República Dominicana, arroz de Nicaragua. Cuando llegó Maduro, y el barril bajo a los 50 dólares, ya no era rentable importar, y ya desde hacía 15 años, no se producía en el país. Allí está la razón que ha dado origen a la gran escasez de alimentos, y la hambruna en el país.

EL PAPEL DE LOS PARTIDOS DE OPOSICIÓN EN VENEZUELA

Creo, que sin dudas, la oposición venezolana al régimen chavista, tiene una gran cuota de responsabilidad, ante el gran caos que ha llegado en el país.

Podría decir, que el chavismo, desde sus inicios, ha aplicado una estrategia muy conocida, la cual, consiste, en la de dividir a tu oponente, y vencerás. Y desde la victoria de Chávez en 1998, la oposición, siempre ha estado dividida, ya que muchos de sus dirigentes, prefieren defender sus posturas personales, que unirse a sus posibles aliados ideológicos, y enfrentar a un enemigo común, con un proyecto común de futuro. Insisto... a lo largo de 20 años, sólo han enfrentado al enemigo, sin un proyecto común con viabilidad de futuro. Es decir, hay una idea que es salir del chavismo. El problema es que no hay un plan serio de reconstrucción del país tras la salida del chavismo. En resumidas y para ser muy claro: Hoy salimos del chavismo, y mañana vemos que hacemos o inventamos.

Manifestaciones, huelgas, denuncias de fraude, han sido la estrategia de la oposición en más de 20 años, y sólo han conseguido, que el chavismo, siga más fuerte que antes en el poder.

En el 2002, la oposición se agrupó en la llamada Coordinadora Democrática. En 2004, esa Coordinadora centró todos sus esfuerzos para que se convocase el llamado referéndum revocatorio. Para ello, el gobierno chavista, en todo momento, fijo las pautas y condiciones para que se diera dicho referéndum. Una de esas condiciones, es que la oposición tendría que presentar unas planillas, con nombres, número de documento, firma, y huella dactilar. A pesar de las diversas pegas puestas por el gobierno durante el proceso de recolección de firmas, y tras superar los diversos obstáculos, por fin, presentaron la lista definitiva con millones de datos de personas, que al final, el mismo gobierno, utilizaría, para crear una lista negra (lista Tascón). Y para colmo, la oposición deja que el gobierno monte sólito, su referéndum, en donde, como es lógico, gano Chávez.

Éste fue el primer fracaso de la oposición, y como consecuencia de ello, se disolvió la Coordinadora Democrática.

En 2006, la oposición ante el reto de las elecciones presidenciales de ese año, se unen en la llamada Unidad Nacional, para ofrecer un candidato único frente a Chávez, el cual, ese candidato único llamado Manuel Rosales, al final, perdió.

En 2007, la Unidad Nacional hace una fuerte campaña del No frente a la reforma constitucional impulsada por Chávez, consiguiendo la oposición, un triunfo temporal.

Acto de presentación oficial del Frente Amplio en 2006.

Tras dicho triunfo, se cambia el nombre a Mesa de la Unidad Democrática (MUD), la cual, estaba formado por 18 diversos partidos políticos, que van desde la centro derecha, a la extrema izquierda. Así, que se entenderá, que sentar toda esa gente en una misma mesa, suena a imposible, ya que cada uno, propone una visión distinta, de como salir del chavismo. De hecho, algunos de los líderes de esos partidos, cuestionaban las decisiones de uno, o de otro, y se podría decir, que se vivía una especie de guerra interna.

Miembros de la MUD en 2007.

A pasar de ganar el No en el 2007, el mismo día de los resultados, Chávez anunciaba que lo volvería a intentar, y el resultado, fue que al siguiente año, el "comandante" consiguió su anhelada reforma constitucional, eso si, a diferencia del año 2007, está del 2008, era más extremista. En fin, otra derrota para la oposición, la cual, se había dejado meter lo que yo llamaría un autogol, ya que participó en un segundo referéndum de reforma constitucional, que ellos mismos, habían dicho que era ilegal.

Con estos dos ejemplos, el del referéndum revocatorio de 2004, y el de la reforma constitucional de 2007 - 2008, se puede entender perfectamente, el porque la oposición venezolana es considerada por algunos, como el sostén del chavismo.

La cuestión, es que el gobierno chavista, ha sabido en todo

tiempo, manipular a la oposición. Primero, creando un sistema electoral, en donde a veces, la oposición acude o no a las elecciones. Esa misma oposición, ha hecho denuncias de fraude, que al final, han quedado en nada, ya que deja que el mismo gobierno, les haga el juego.

En todos estos años, la oposición se ha fijado la meta de salir del chavismo, pero la cuestión, es que no explican, que modelo de país quieren después del chavismo, y como se repartirían los cargos entre 18 o 25 partidos distintos. No fijan una estrategia clara, un plan de contingencia, o peor aun, no convencen a la sociedad, ya que andan dando prácticamente bandazos de un lado al otro. En resumidas, si tu le preguntas a los dirigentes opositores que es lo que harían después de marcharse Maduro, seguro que la repuesta sería es que no tienen idea. Entre los conflictos internos que hay dentro de la MUD, y las medidas que toma cada día el gobierno de Maduro, la verdad es que la oposición, no ha sabido llevar una estrategia clara.

Si desde las primeras elecciones ya sabían que el sistema electoral con voto electrónico era un fraude, porqué en todos estos 20 años, se han ido prestando a participar en esas elecciones falsas?.

Insisto, lamentablemente la MUD, no tiene un plan claro y conciso de como sacar a Maduro del poder, y cual es la Venezuela que vamos a construir tras la caída del chavismo.

Otro aspecto a resaltar, es que cuando hay algún dirigente opositor, que demuestra cierto criterio de amenaza seria para sustituir a Chávez o a Maduro, el gobierno ha tomado sus medidas. Y usted se preguntará cual han sido dichas medidas... Pues, muy sencillo: perseguir, detener, inhabilitar judicialmente, o meter en la cárcel, a aquellos líderes opositores. Casos como los de Juan Requesens, Leopoldo López, Antonio Ledezma, Freddy Guevara, son un pequeño ejemplo de lo que ocurre en el país. La oposición habla de presos políticos, y el gobierno de delincuentes confesos. La cuestión, es que ni la misma oposición, es capaz en alguna medida, de defender a sus líderes encarcelados o inhabilitados políticamente, como son los casos de Enrique Capriles, o María Corina Machado. Ambos, han sido inhabilitados para postularse o ejercer cargos públicos. Mucho alboroto al principio, pero luego, parece que se olvidan del tema.

Por cierto, tras las elecciones presidenciales de 2018, la oposición se dividió en tres grupos: MUD, Frente Venezuela, y Concertación por el Cambio. Y Maduro, muy contento por ello.

Todo ello me recuerda, cuando a comienzos de los años 60, la oposición cubana anunciaba cada día, que Fidel Castro no aguantaría un día más en el poder. Y han pasado 60 años, y el castrismo sigue intacto en el poder. No quiero ser pesimista, pero Venezuela, va por el mismo camino, y dentro de 60 años, muchos opositores venezolanos seguirán diciendo que el chavismo está a punto de caer. De hecho, ya llevan casi 20 años diciéndolo.

Creo, que la solución, es que la MUD, y el resto de la oposición, hagan una profunda renovación de sus líderes, ya que, desde hace 20 años, son casi los mismos líderes que han llevado, en alguna medida al país, a donde estamos hoy en día, con un Maduro como presidente.

En enero de 2019, un sector la la oposición, entendió que había que apoyar una nueva figura o líder, y ese líder ha sido Juan Guaidó, quien tras ser designado presidente del parlamento, asumió por la vía constitucional, el cargo de presidente encargado de Venezuela. En un capítulo más adelante, les comentaré la historia de la llegada de Guiadó.

En fin, la solución en Venezuela no es sólo salir de Maduro. La solución, es que la oposición, sepa crear una verdadera alternativa de reconstrucción del país, tras la salida de Maduro, y de todos los chavistas de todas las instituciones del Estado (alcaldías, gobernaciones, poder judicial, etc.). La oposición, no le basta con poner a un presidente interino como Guaidó, y convocar nuevas elecciones limpias, con apoyo internacional, y que llegue al poder un nuevo presidente. La oposición, tiene que demostrar, que tienen planes concretos y reales, de como se va a reconstruir el país, el cómo reconstruir y crear nuevas empresas, el cómo recuperar las infraestructuras hospitalarias, agrícolas, etc. He visto, con cierta incredulidad, que algunos dirigentes opositores anuncian a bomba y platillo, que el Fondo Monetario Internacional, va a soltar dinero. Insisto, Venezuela más lo que necesita, es tener planes claros y concretos, de como saber usar ese dinero para su reconstrucción, sin olvidar, que tienen que tener un equipo de profesionales serios, capaces de poner a andar dichos planes. Es muy bonito decir que van a reconstruir y dotar todos los hospitales. Pero de lo dicho, al hecho, hay un gran trecho. Así, que creo, que si la oposición desea ser tomada en serio, lo primero que tienen que hacer, es demostrar, que tienen equipos de trabajo, con profesionales con capacidad reconocida, y dispuestos a asumir el trabajo de reconstruir un país.

LA COMUNIDAD INTERNACIONAL FRENTE A MADURO

Muchos hacen una comparación de Venezuela, con lo vivido en Cuba en los años 60, tras la revolución castrista, en donde más de un millón de cubanos, salieron sin nada y en balsas, arriesgando sus vidas, cruzando aguas llenas de tiburones, con el sueño de llegar a los EE.UU..

Venezuela, vive un proceso similar, y lamentablemente, las instituciones como la OEA, o la ONU, no han tomado medidas serias y directas para defender el derecho de todos esos venezolanos que han salido de su país, en contra de su voluntad. Eso sí, muchos dirigentes extranjeros dan lindos discursos condenando el chavismo, pero lamentablemente, sólo son lindos discursos, que no ayudan en nada a solventar la realidad de Venezuela.

Miles de refugiados venezolanos cruzan un puesto fronterizo hacia Colombia.

Por su parte, Maduro, está muy contento, ya que para él, esa gente que se marcha del país, es un problema menos para él, y un problema más para los otros países, que tienen que afrontar en sus manos una situación muy grave, que es atender, alimentar, dar cuidados médicos sanitarios, a toda esa masa humana que escapa de la revolución bolivariana. Ninguno de los países afectados, quiere llamar el problema por su nombre, que es ola de refugiados. Si se les reconoce como refugiados, allí, si la OEA y la ONU, tendrían que asumir su labor humanitaria al tener que montar campamentos y enviar personal especializado con suministros de medicinas y alimentos para poder atender adecuadamente a esos "refugiados". Pero parece que esas organizaciones, prefieren mirar para otro lado, y dejar que cada país afectado, tome sus propias iniciativas cada uno por su lado.

Resulta curioso, por ejemplo, que en marzo de 2018, la Agencia de la ONU para los Refugiados (ACNUR), catalogó "oficialmente" a los migrantes venezolanos como refugiados, por lo cual, dicho organismo "insta a los Estados receptores y/o a los que ya acogen a los venezolanos para que les permitan el acceso a su territorio y a que continúen adoptando respuestas adecuadas y pragmáticas orientadas a la protección y basadas en las buenas prácticas existentes en la región". Pero lamentablemente la realidad es otra.

Así nos encontramos, por ejemplo, que Perú, a mediados de agosto de 2018, tenia más de 100 mil peticiones de venezolanos para entrar en el país como refugiados. Y cuál ha sido la repuesta de dicho gobierno?. Poner en vigor una norma que les exige la presentación del pasaporte para poder acceder a su territorio. Es decir, el gobierno peruano, sabiendo de antemano, que el gobierno de Maduro no concede pasaportes, cree que la solución al genocidio venezolano es no dejar entrar a la gente que no tenga pasaporte. El ejemplo de Perú, lo podemos ver en Brasil, Ecuador, o Panamá. Con lo que quiero decir, es que muchos países de la región, ven que hay un serio problema en un país hermano, y en vez, de pedir o acordar una solución clara para acabar con el régimen de Maduro, creen que con bloquear las fronteras, los venezolanos vivirán más felices.

El secretario general de la OEA Luis Almagro.

El Secretario General de la OEA, Luis Almagro, a mediados de septiembre de 2018, manifestó que una intervención militar a Venezuela no debe ser descartada como una alternativa para superar la situación política y económica del país. Almagro, incluso, en nombre de la OEA, había señalado, que el "régimen" de Nicolás Maduro, "está perpetrando crímenes de lesa humanidad y violación de Derechos Humanos". Y para rematar, el dirigente máximo de la OEA, señalaba que antes de pensar en una intervención militar, "las acciones diplomáticas están en primer lugar". Y me pregunto... desde hace más de 15 años se ha hablado de acciones diplomáticas y de mediación internacional para Venezuela, y la realidad, es que Maduro, sigue cada día más fuerte en su silla presidencial.

Así, que pareciera, que el secretario general de la OEA, no se ha enterado, que desde hace años, la oposición venezolana, ha acudido a diversidad de organismos internacionales (OEA, ONU, UE,

MERCOSUR, Parlatino, etc.) para pedir una solución, y la mediación de dichos organismos, y insisto, lo único que ha conseguido la oposición, son discursos bonitos de todos esos organismos internacionales, condenando a la dictadura chavista. Y mientras, tanto Chávez como Maduro, les ha importado un pepino lo que diga la comunidad internacional. Para ello, han creado, lo que algunos llaman el nuevo "eje del mal", es decir, un grupo de países aliados al régimen chavista, como son el es caso de Rusia, China, Corea del Norte, Turquía, Cuba, Nicaragua, El Salvador, Bolivia, y Ecuador. Y todos esos países tienen algo en común: Maduro les regala petroleo.

Un último intento de un dialogo de acuerdo internacional para buscar una solución al caso Venezuela en 2018, fue en República Dominicana. En enero de ese año, y tras dos intentos diversos de negociaciones en diciembre de 2017 sin acuerdos en Santo Domingo, se hizo un último esfuerzo por ese llamado dialogo. Uno de los temas en discusión sobre la mesa, era la convocatoria ilegal y fraudulenta por parte de Maduro, de unas elecciones presidenciales sin garantías democráticas. Tras las negociaciones, el presidente dominicano Danilo Medina, presentó un borrador de pre acuerdo entre las partes (gobierno y oposición). Y al final que paso en esa supuesta negociación?. Pues, los representantes del gobierno chavista, se negaron a firmar el documento. Es más, posteriormente, Maduro en Caracas, hizo su propia versión del documento llamado "acuerdo de paz", claro, con sus condiciones, el cual, al final, el sólo solito firmó. Es decir, unilateralmente, se va de la mesa de dialogo en Santo Domingo, y luego dice que ya hay un "acuerdo de paz" que la oposición se niega a firmar en Caracas. Y me pregunto... y el documento de pre acuerdo que presentó el presidente dominicano, tras supuestamente tres meses de negociación, para qué fue, si al final, Maduro hace sólo en Caracas su versión particular y unilateral de lo que él llama "acuerdo de paz".

Y ante esta tomadura de pelo internacional por parte del régimen chavista, aun Almagro dice que antes de pensar en una intervención militar, "las acciones diplomáticas están en primer lugar".

El presidente dominicano Medina, acompañado por su canciller, Vargas, y el negociador enviado por Maduro, Rodríguez Zapatero.

Al régimen chavista no le interesa llegar a acuerdos con los dirigentes de la oposición. El régimen, desde su primer día (hace más de 20 años), mantiene su visión parcializada y monolítica de su realidad, en la que manifiesta, que en el país no hay presos políticos, o que la gente no pasa hambre y miseria. El régimen sólo se ha dedicado a consolidar su imagen internacional pagando con petrodólares a "amigos" con tendencias ideológicas de izquierda internacional, para enfocar su propia campaña de victimismo.

Un claro ejemplo de ello, lo podemos ver con un ex presidente de gobierno español, el socialista José Luis Rodríguez Zapatero, quien se ha dedicado desde hace algún tiempo, como "mediador internacional" pagado por Maduro, en Venezuela. Y eso no lo digo yo. Lo afirma toda la oposición venezolana.

En mayo de 2018, Zapatero fue invitado por Maduro como observador internacional en las elecciones que toda la comunidad internacional condenó como fraudulentas, mientras Zapatero, parece que no vio ningún fraude. Para que vean el cinismo de Zapatero en defensa de Maduro, a mediados de septiembre de 2018, en una de sus tantas visitas a Caracas, se le ocurrió decir, que el éxodo de más de dos millones de personas que escapan del régimen chavista, es causado por las sanciones económicas de EE.UU.. Es decir, el señor Zapatero da a entender, que en Venezuela, se vive una autentica democracia, y que la culpa es del imperio americano. Una cosa curiosa de su actividad como mediador, es que cada vez que viaja a Venezuela, sólo se reúne con Maduro, mientras que la oposición, desde hace tiempo, le ha cerrado las puertas. Entonces, tenemos a un supuesto "mediador" que sólo se ha dedicado a defender la imagen del régimen. A... a la lista de personajes internacionales, pagados por el chavismo, tenemos por ejemplo, al futbolista Diego Armando Maradona. Y hay quien dice, que el mismo Papa Francisco, está en la lista. Quizás sea por el hecho, de que él, en ningún momento, ha condenado el régimen de Maduro.

Visita de Zapatero a Maduro en Caracas en mayo de 2018.

VENEZUELA: DOS PRESIDENTES

En uno de mis anteriores capítulos, les había hablado sobre las elecciones de mayo de 2018, en donde fue "auto" elegido Maduro. La gran mayoría de la comunidad internacional condenó como fraudulentas dichas elecciones.

Desde finales del mes de mayo de 2018, la oposición venezolana planteó un plan, para mirar desde el punto de vista constitucional, es decir, usando la misma constitución creada por los chavistas a dedo, una vía legal para deslegitimizar a Maduro como presidente electo en esas elecciones fraudulentas.

Maduro jura ante la Asamblea Constituyente el 24 de mayo de 2018

Una de esas vías legales, es que Maduro tendría que haber asumido el cargo el 10 de enero de 2019 ante la Asamblea Nacional de Venezuela (ANV), hoy, con mayoría opositora. Cómo Maduro no reconoce a dicha Asamblea, él creó su versión de Parlamento paralelo, llamado Asamblea Constituyente (AC), el cual, tiene la particularidad, de que el 100% de sus miembros, son chavistas. Así, que según Maduro, él podía asumir la presidencia, sólo con jurar el cargo en su Asamblea. Así, que el 24 de mayo de 2018, y en contra de la Constitución chavista, juramentó su cargo ante la AC.

Por otro lado, ante las advertencias lanzadas por la oposición sobre esa juramentación inconstitucional de Maduro, los chavistas, para supuestamente despejar esas posibles dudas de ilegalidad, deciden juramentarle de nuevo el 10 de enero de 2019, ante la Corte Suprema de Justicia (CSJ), órgano, en la que el 100% de sus miembros, fueron puestos a dedo por el mismo Maduro.

El 10 de enero de 2019, Maduro jura el cargo ante el Tribunal Supremo de Justicia.

Así, que el día 10 de enero de 2019, día del plazo legal establecido para jurar el cargo en la ANV, Maduro monta otro show, y se auto juramenta en el TSJ, con lo cual, viola por segunda vez la Constitución venezolana, a no juramentar su cargo ante la ANV.

Y ante éste panorama de doble juramentación ilegítima de Maduro, qué ha hecho la oposición?. Como he indicado anteriormente, desde finales de mayo del 2018, ya la oposición planteó la idea de no reconocer a Maduro. De hecho, la ANV acordó el nombrarle como "usurpador" del cargo, al no reunir las más mínimas condiciones democráticas, y por violar la Constitución.

Por otro lado, y a raíz de esa violación constitucional, legalmente se planteaba que después del 10 de enero, se establecería un vacío en el cargo de la presidencia, con lo cual, quien tendría que asumir el cargo de forma temporal, y hasta que se convocasen nuevas elecciones, sería el presidente de la ANV.

Así, que la ANV, en un acuerdo pre establecido, había acordado que a comienzos de enero, elegirían una nueva junta directiva, siendo designado como Presidente el diputado Juan Gerardo Guaidó Márquez, asumiendo formalmente dicho cargo el 5 de enero de 2019, siendo la persona más joven en asumir dicha responsabilidad.

Posteriormente, el día 23 de enero de 2019, en un acto multitudinario en Caracas denominado Cabildo Abierto, la mayoría de la ANV, acuerda juramentar a Guaidó, como presidente encargado de Venezuela, de forma temporal, hasta la convocatoria de nuevas elecciones, asumiendo constitucionalmente dicho cargo, basándose en el artículo 233.

Ese mismo día 23, diversos países, entre ellos los EE.UU., le reconocen en el cargo, con lo cual, Venezuela, tiene a modo incierto, dos presidentes: Uno, ilegítimo (Maduro), al violar la Constitución y las leyes electorales, y otro (Guaidó), que asume el cargo de forma temporal, de acuerdo a dicha Constitución.

Así, que Maduro, fuera de Venezuela, sólo tiene el apoyo de China, Rusia, Nicaragua, Bolivia, Uruguay, México, y Turquía. Es de resaltar, que todos estos países, sobre todo, China, Rusia y Turquía, no les interesa que Maduro se marche, ya que gracias a él, Venezuela tiene una deuda de miles de millones de dólares con esos países. En cuanto a Guaidó, por muchos reconocimientos internacionales, el problema es que quien tiene el control del país, o mejor dicho, quien decide si se va o no Maduro, es la cúpula del ejercito venezolano.

Como he señalado en un capítulo anterior, el chavismo montó

una infraestructura de poder en donde la corrupción en el ejercito, ha hecho que esos generales, almirantes, coroneles, etc, sean fieles al régimen que les llena los bolsillos de dólares. Así, que la oposición, conociendo perfectamente el problema, ha vislumbrado la idea de aprobar en la ANV una "supuesta" ley de amnistía, dirigida de forma especial, a aquellos militares y civiles que decidan dejar de apoyar a Maduro, y que "colaboren en la restitución del orden constitucional en Venezuela".

Guaidó, durante el acto de designación como presidente encargado de Venezuela.

En dicha ley, hay un apartado enfocado a eliminar la "responsabilidad civil, penal, administrativa, disciplinaria y tributaria de las investigaciones, procedimientos, penas o sanciones" desde el 1 de enero de 1999, un mes antes de la toma de posesión Chávez. Es decir, la ley, en principio, va destinada a "todos los civiles, militares y demás funcionarios identificados como presos, perseguidos y exiliados políticos por hechos cometidos desde el 1 de enero de 1999 hasta la entrada en vigencia de la presente ley". Esto implicaría la salida inmediata de prisión de muchos de los opositores que siguen en la cárcel. Hasta aquí, se puede entender lo positivo de dicha ley.

Pero ésta supuesta ley, tiene su parte contradictoria. En ella se indica que "Se concederán todas las garantías constitucionales en favor de todos aquellos funcionarios civiles y militares que, actuando con base en los artículos 333 y 350 de la Constitución de la República Bolivariana de Venezuela, colaboren en la restitución de la democracia y el orden constitucional en Venezuela, conculcado por el régimen de facto encabezado por quien hoy se encuentra usurpando la Presidencia de la República". Es decir, se puede interpretar, que aquel civil o militar, responsable del saqueo de millones de dólares, si decide ir en contra de Maduro, está perdonado. En otras palabras, se busca de una forma algo ilícita, el perdonar a criminales de guerra, y peor aun, que sigan disfrutando de sus altos cargos, eso si, solamente tendrían que dejar de apoyar a Maduro.

Ante ésta supuesta ley de amnistía, creo, que la oposición, se ha equivocado de camino al pretender hacer "borrón y cuenta nueva" al alto mando militar. Creo, que esos altos cargos militares o civiles chavistas, con sus cuentas bancarias llenas de dólares en paraísos fiscales, con casas, coches, y privilegios, no son tan tontos para dejar a Maduro. Esa gente está muy clara, que si un día Maduro cae, todos ellos, en alguna medida, caerían, ya que es tal el nivel de responsabilidades, que es imperdonable, el dar una amnistía a alguien que ha usado su cargo para matar literalmente a miles de personas de hambre y miseria. A, y no hay que olvidar los miles de casos de violaciones de derechos humanos, con torturas, persecución, o asesinatos de inocentes en 20 años de chavismo. Sólo cito un caso: El mismo día 23 de enero de 2019, durante las manifestaciones de la oposición, sólo ese día, se estima que murieron asesinadas más de 40 personas. Y yo me pregunto: Cómo es que la oposición se plantea una ley de amnistía para los criminales chavistas?.

Insisto!, el hecho de los dirigentes chavistas durante 20 años de "revolución" han hecho lucrativos negocios ilícitos, gracias a jugar con la miseria de un país, no tiene perdón. Tampoco debería tener perdón los responsables de ordenar y reprimir violentamente manifestaciones opositoras pacíficas, y de disparar, herir y matar a gente inocente. Y si el futuro nuevo gobierno, plantea el dar "un perdón" a los responsables (directos o indirectos), creo, que no habremos aprendido nada de ésta historia. Es como si tras la derrota de Alemania en en la II guerra mundial, las potencias aliadas perdonasen a todos los criminales nazis, responsables de millones de muertes.

Creo, que lo que tendría que plantear el futuro nuevo gobierno, es una ley de justicia, en donde se diga claramente, que todo aquel, que se ha lucrado ilícitamente, criminalmente, usando la escusa de la "revolución", tendrá su correspondiente sanción, ya sea, con cárcel, trabajo comunitario, confiscación de bienes producto de un delito, etc. Y lo más importante: Todo aquel que sea directa, o indirectamente, responsable de torturas, asesinatos, secuestros, o hechos similares, serán juzgados en una corte de justicia internacional, para que luego no digan, que en Venezuela, el sistema judicial, aun está contaminado por el chavismo.

Créanme, que si la oposición asume ese papel de ajustar cuentas con los criminales chavistas, y que esos criminales cumplan cadena perpetua en prisiones fuera de Venezuela, por ejemplo, en Brasil, o Colombia, seguro que esos altos cargos militares que hoy mantienen a Maduro, insisto, seguro agarrarían sus maletas llenas de dólares y se marcharían a países en donde no exista la extradicción. Insisto... con éste tipo de anuncios, hasta el mismo Maduro, habría salido huyendo del país.

Pero eso de que la oposición venezolana quiere jugar a que aquí no ha pasado nada, y nadie es culpable, no es lo que se merece Venezuela. Y más, cuando hay sectores desde la oposición, que hablan claramente de dar una amnistía al mismo Nicolás Maduro.

Insisto... creo que la comunidad internacional, tiene que tomar las medidas, para crear una auténtica transición en Venezuela, eso si, sin crear leyes de amnistías a criminales chavistas.

En el siguiente capítulo, les comentaré, desde mi punto de vista, cual sería la solución al caso Venezuela.

MI VISIÓN DE LA SOLUCIÓN
AL CASO VENEZUELA

Y tras contar todo este largo cuento, de como Nicolás Maduro, y el chavismo, han destrozado el país más rico del mundo, seguro que te preguntarás, cual es mi visión del futuro para Venezuela.

Anteriormente, señalaba, que en alguna medida, la oposición tiene su cuota de responsabilidad al no crear un auténtico proyecto de viabilidad de reconstrucción del país. El problema no es sólo salir del chavismo, si no, el gran problema, es saber como asumir la auténtica labor de reconstrucción del país.

Si algún día cae el régimen, que nadie se crea, que en un año, o tres, el país resurgirá de las cenizas. Y ante ese evidente hecho, la oposición tiene que saber afrontar esa realidad.

Hay quienes han hecho estudios, y creen, que para que Venezuela vuelva a los niveles económicos de 1975, tendrían que pasar unos 20 años de reconstrucción. Yo, soy de la opinión, que si se hacen bien las cosas, en 5 o 6 años, el país podría empezar a ser prospero. Y para ello, no hay que esperar que el barril de petroleo llegue a los 150 dólares. Insisto, Alemania, o japón, países que quedaron totalmente destrozados en 1945 tras la II guerra mundial, en 5 años, ya eran países con economías estables, y lo consiguieron sin tener reservas de oro, o petroleo.

Muchos países a lo largo de la historia, han pasado por situaciones similares a la de Venezuela. Hitler, en Alemania, estuvo en el poder, y llevó al país a una tragedia, con una guerra, que destrozó el país. Los alemanes asumieron tras la derrota, que tenían que desmontar las infraestructuras ideológicas dejadas por los nazis (desnazificar Alemania), y ya en 1949, ese país se encaminaba a ser el motor económico de Europa. Pero todo, ello no fue gratis.

La ayuda internacional encabezada por los EE.UU., con el famoso plan Marshall en Europa, contribuyó al fortalecimiento de la democracia en Europa occidental. Otro detalle, es que en Alemania, se juzgaron a los criminales nazis, y en Venezuela, tendría que ocurrir algo similar. Es decir, los culpables chavistas, tienen que ser juzgados y castigados por sus crímenes. Es más, propongo que en vez de cumplir condenas en cárceles venezolanas, sus condenas las cumplan en cárceles brasileñas, o argentinas.

Tras una hipotética caída del régimen chavista, el país, necesitará su particular plan Marshall, en donde la comunidad internacional, tiene que aportar su granito de arena, para que nunca más, un populista seudo comunista, vuelva al poder. Sin dudas, creo que el MERCOSUR, o la misma OEA, podrían ayudar en el proyecto de reconstrucción del país con una versión de plan Marshall.

Todo lo que he comentado con anterioridad, para algunos, posiblemente, le sonará a chino, o lo vería como muy fantasioso. Pero hay ejemplos como los de Japón, o Alemania, y Venezuela, a diferencia de esos países, tiene una gran ventaja, ya que aun dispone de recursos humanos, y naturales, para consolidar una posible reconstrucción. Si Marcos Pérez Jiménez, gobernando Venezuela en cinco años (1953 1958), construyó todo un país con las infraestructuras más modernas para su época, me imagino, que en pleno siglo XXI, otro presidente, con algo de inteligencia, podría superar con creces las obras de Pérez Jiménez. En fin, el país necesita un grupo de líderes que sepan administrar el dinero, y los recursos. Siempre digo, que si Japón, tuviera apenas el 5% de la recursos que aun le quedan hoy a Venezuela, ese país asiático sería la potencia económica más sólida del mundo.

Soy de la idea, de que hay que erradicar de raíz el Chavismo del país (Deschaveznificar). Y una forma es ilegalizar a los partidos con fines chavistas, juzgar a aquellos que apoyen o glorifiquen la figura de Chávez o Maduro, y educar a las nuevas generaciones sobre los crímenes cometidos en nombre de la revolución bolivariana.

Yo, desde comienzos del año 2001, mantengo la tesis, de que si algún día, llega al poder un presidente en Venezuela no chavista, y los chavistas son el principal partido de la oposición, ese presidente, no duraría 3 meses en el cargo. Se imaginan a Nicolás Maduro, o Diosdado Cabello, como líderes de la oposición, y a sus seguidores formando barricadas en las calles glorificando la revolución?. Ese es la dramática realidad que nos encontraríamos, si se deja que los chavistas, sigan sueltos por allí.

Así, que estoy muy claro, que para que el país pueda salir un día adelante, la primera cosa que hay que hacer, es extirpar el chavismo de las instituciones, y de la vida del país. En resumidas, deschaveznificar Venezuela.

Por cierto, quienes tendrían que asumir ese rol, el del extirpar el chavismo, tendría que ser la comunidad internacional, tal como hicieron en Alemania en 1945, tras la derrota de los nazis con los juicios de Núremberg. Es decir, la comunidad internacional se encargaría de investigar los crímenes cometidos por el chavismo, creando una especie de Tribunal Penal Internacional para juzgar a los jerarcas chavistas. Esos crímenes a juzgar irían desde casos de corrupción, persecución política, asesinatos, hasta lo que yo llamaría genocidio selectivo.

Insisto, si no se extirpa el chavismo de Venezuela, dudo, que el país pueda volver a una senda de prosperidad. Sin dudas, los inversores, las empresas que se marcharon del país, los miles y miles de venezolanos (abogados, ingenieros, médicos, arquitectos, etc) no se arriesgarían a regresar a un país con dirigentes chavistas asechando retomar el poder. Insisto... los chavistas, tienen que ser erradicados de la sociedad, como en su día, fueron los nazis en Alemania, o los comunistas en Europa Oriental.

Yo no soy el único con la idea, de que la comunidad internacional juzgue a los chavistas. Por ejemplo, el pasado mes de agosto de 2018, un grupo de seis países, conformados por Argentina, Canadá, Chile, Colombia, Paraguay, y Perú, decidieron presentar una denuncia conjunta ante la Fiscal de la CPI para investigar sobre la comisión de crímenes de lesa humanidad en Venezuela por parte del régimen de Maduro. Y si a ello sumamos el detalle, que en en dicha Corte hay más de 600 casos registrados de delitos de lesa humanidad en Venezuela, creo, que la denuncia de los gobiernos de seis países, pudiera influir en que en alguna medida, que el resto del mundo, se sume a la denuncia, para que a Maduro, y sus cómplices, un día, sean juzgados fuera de Venezuela. De hecho, a mediados de octubre de 2018, Costa Rica se sumó a la lista, y se esperaba que se apunten más países, como por ejemplo, Francia.

Pero no todo es optimismo en cuanto a que un día, podamos ver un juicio de Maduro sentado en la Corte de La Haya. Ya hay un antecedente con otro dictador, el presidente de Sudán, Omar Al Bashir, quien cuenta con dos órdenes de detención en su contra emitidas por la CPI en 2009 y 2010, y en 2018, seguía gobernando en su país, como si nada.

La cuestión, es que en el caso Venezuela, a diferencia que el de Sudán, hay más evidencias y hechos, que podrían crear un precedente en el mundo. Hay cantidad de informes emitidos por diversidad de organismos internacionales, que demuestran que en Venezuela, se violan todos los días los derechos humanos.

Por ejemplo, en febrero de 2018, la OEA publicó un informe en el que recogió más de 12 mil casos de detenciones arbitrarias desde 2015, y más de 8 mil ejecuciones extrajudiciales. En dicho documento, se señala, que había "fundamento suficiente" para considerar que el gobierno venezolano había cometido crímenes de lesa humanidad.

En la denuncia presentada ante la Corte de La Haya por los seis jefes de gobierno, es importante resaltar, que han incluido dos informes elaborados por expertos internacionales, en los que se documentan procesos extrajudiciales, torturas y detenciones arbitrarias.

En fin, espero que en alguna medida, la CPI de La Haya, sea en alguna medida, el Núremberg de los chavistas. Y en caso de encontrar culpables, que cumplan íntegramente sus condenas en prisiones brasileñas, o colombianas. Nunca en suelo venezolano.

¿MADURO ES LEGALMENTE
EL PRESIDENTE?

En éste capítulo, quiero hacer un pequeño resumen de todo el cuento que he soltado a lo largo del libro. Si aun alguien tiene dudas sobre le legalidad de Maduro como presidente, con lo siguiente, seguro, aclaro esas dudas.

Tras la muerte de Hugo Chávez en 2013, a Maduro se le había designado como el sucesor, a dedo, por su papá político (Chávez), saltándose, o violentándose, la constitución chavista, cuando, quien tendría que haber asumido el puesto, era el presidente del parlamento, el ultra chavista Diosdado Cabello. Toda la oposición, y la comunidad internacional, criticó, reclamó, amenazó. Y al final, Maduro, asumió de forma ilegal, la presidencia del país.

Cuando Maduro convocó la Constituyente, todo el mundo, a nivel nacional, y internacional, condenó y no reconoció a dicha Constituyente, porqué se violaba la constitución chavista, al no cumplirse claramente, las normas para su convocatoria. Es decir, todo el mundo gritó al cielo, reclamó, y Maduro, siguió como si nada.

Posterior mente, esa constituyente "ilegal", convocó elecciones presidenciales para 2018, y en un principio, la oposición se animó a participar en esas elecciones. Posteriormente, dijeron, que esa convocatoria era ilegal, ya que no cumplía con la norma constitucional. A ver si me entero... es más que evidente, que un organismo creado ilegalmente, y que convoque unas elecciones, su decisiones, no pueden ser tomadas como de carácter legal.

Y tras el esperado triunfo de Maduro en mayo de 2018, vuelve otra vez las condenas tanto a nivel nacional y internacional, de que Maduro, ganó unas elecciones manipuladas. La OEA, gobiernos de diversos países, líderes extranjeros, con unanimidad, coincidían que Maduro era un usurpador en el cargo.

De mayo de 2018, al 10 de enero de 2019, en todo ese tiempo, la oposición, y la comunidad internacional, se cruzaron de brazos, a esperar la toma de poder de Maduro ante el Tribunal Supremo de Justicia, cuando desde hacía casi un año, ya todo el mundo sabía, que esa toma de posesión, era ilegal, desde el punto de vista de la constitución chavista, ya que tendría que haber asumido el cargo ante la Asamblea Nacional (formada por mayoría opositora). Otra vez, toda la oposición, y la comunidad internacional, condenan, pero no hacen nada concreto.

El día 23 de enero, Juan Guaidó, de una forma algo atípica, se proclama presidente provisional, cosa, que tendría que haber asumido un anterior presidente del parlamento, el ultra chavista Diosdado Cabello, allá en el año 2013.

Pero a pesar de todo éste lío, a Guaidó le reconocen diversidad de países, todo el mundo le apoya, y todo el mundo espera, que la alta cúpula militar, la que ha puesto el chavismo a dedo, y que lleva más de 20 años robando miles de millones de dólares, se voltee contra quien les mima y les da de comer.

Quizás con ello se entienda, porqué en Cuba, el comunismo lleva más de 60 años en el poder. De hecho, el modelo chavista, es una copia mejorada del modelo castrista. Sin dudas, Maduro a superado a su maestro Chávez, y al maestro de Chávez, Fidel Castro.

MI DESEO FINAL

Y para finalizar mi libro, sólo quiero decir, que deseo, que un día no muy lejano, yo pueda retornar a mi tierra libre de la dictadura comunista chavista populista, y poder conseguir ver y abrazar a mi madre, hermanos, sobrinos, primos, amigos, a quienes desde hace años, no les veo en persona, por culpa del régimen.

Aspiro, que tras la caída de la dictadura, yo pueda participar, en la medida de lo posible, en esa importante labor de reconstrucción de una Venezuela libre y democrática.

Insisto... el reconstruir todo un país, no es una tarea fácil. Insisto, si las cosas se hacen bien, aplicando solamente la lógica, y saber manejar y disponer de los recursos, el país puede surgir con el esfuerzo de todos.

Espero, que al igual que hace 20 años, cuando tras salir del país, algunos de mis familiares y amigos luego me dieron la razón sobre la cubanización de Venezuela, aspiro, que dentro de unos 5 años, me digan de nuevo, "Fernando, tenías razón" sobre la realidad de la reconstrucción del país.

Pero si la comunidad internacional (OEA, MERCOSUR, ONU, G7, UE, etc), siguen dando discursos bonitos, y no mueven un sólo dedo para acabar con la dictadura, tendremos chavismo en Venezuela por unos 50 años más, y ese gran deseo de reconstrucción del país, sólo quedaría en letras muertas en un libro viejo.

Insisto, sin una actuación clara de intervención de la comunidad internacional, veo muy difícil una solución en el caso Venezuela.

No basta con que la OEA, la UE, o 120 países, reconozcan a Guaidó como presidente interino de Venezuela. A Maduro le da igual, y se ríe de ello.

Fernando Gómez M.

Espero, que dentro de unos 6, o 8 años, yo pueda escribir otro libro, en donde cuente, el cómo Venezuela, pudo superar la peor crisis de su historia.

Ahora son, las 12:25 de la tarde (hora venezolana), del 2 de abril de 2019.

126

www.ingramcontent.com/pod-product-compliance
Lightning Source LLC
Chambersburg PA
CBHW012254240726
48655CB00009B/3305